Jason Dark
Das japanische Schwert

Jason Dark

Band 1

Das japanische Schwert

Jason Dark: Das japanische Schwert
Copyright © für die überarbeitete Neuausgabe
by Helmut Rellergerd und area verlag gmbh, Erftstadt
Die Veröffentlichung dieses Werkes erfolgt auf Vermittlung
der Autoren- und Verlagsagentur Peter Molden, Köln
Alle Rechte vorbehalten

Lektorat: Peter Thannisch
Coverillustrationen: Marc Robitzky
Einbandgestaltung: agilmedien, Köln
Layout und Satz: GEM mbH, Ratingen
Gesamtherstellung: area verlag gmbh, Erftstadt

Printed in Czech Republic 2007

ISBN 978-3-8361-1104-1

www.area-verlag.de

Inhalt

1. Die Warnung 9
2. Turbos Ankunft 16
3. Gefahr auf dem Wasser 31
4. Ein finsterer Plan 43
5. Die Täuschung 47
6. Treffen um Mitternacht 60
7. In letzter Sekunde 70
8. Die letzte Chance 78
9. Die Vorbereitung 81
10. Eingekreist 100
11. Die Nacht der Entscheidung 122
12. Alfreds große Stunde 136

Randolph Ritter (Randy)

Eigentlich heißt er Randolph, doch alle nennen ihn nur »Randy«. Er ist sechzehn, ist ein mittelprächtiger Schüler und kommt immer gut mit. Sport gehört zu seinen Lieblingsfächern, danach kommt Mathe; die Begabung dafür hat er von seinem Vater geerbt. Randy trainiert Kampfsport und kann Karate. Er ist ziemlich groß, ohne schlaksig zu wirken. Sein Haar ist dunkelblond, manchmal mit einem Stich ins Braune. Seit seiner Geburt hängt ein Muskel am Mundwinkel schief, so dass es aussieht, als würde Randy immer grinsen. Randy ist da, wo die Action ist. Langeweile kennt er nicht, und er ist auch nicht der Typ, der den ganzen Tag vor der Glotze hockt. Ungerechtigkeit ist ihm zuwider. Ob in der Schule oder im »richtigen« Leben: Er setzt sich stets für die Schwachen ein, auch wenn ihm das schon so manches Mal Ärger eingebracht hat.

Toshikiara (Turbo)

Toshikiara ist Japaner und Randys Freund. Da sein Name schlecht auszusprechen ist, wird er kurz »Turbo« genannt. Turbos Eltern sind verschollen. In Japan hat er keine engeren Verwandten mehr. Die Familie Ritter hat ihn deshalb bei sich aufgenommen. Turbo besucht eine deutsche Schule. Die deutsche Sprache hat er in Japan gelernt, unter anderem auch durch den E-Mail-Kontakt, den er mit Randy geführt hat, nachdem sie sich in einem Chatroom über Manga-Comics kennen lernten. Als Erbe seiner Eltern besitzt Turbo ein altes Samurai-Schwert, dem magische Kräfte nachgesagt werden. Dieses Schwert hütet er wie einen kostbaren Schatz. Erstaunlich ist wiederum, dass Turbo kein Handy besitzt – und das, obwohl er doch Japaner ist. Doch er lehnt die ewig nervenden Geräte aus Prinzip ab. Er ist kleiner als Randy und trägt einen Bürstenhaarschnitt. Seiner asiatischen Mentalität entsprechend, reagiert er eher bedächtig. Wenn es aber sein muss und darauf ankommt, ist der fünfzehnjährige Turbo voll da.

Michaela Schröder (Ela)

Michaela Schröder, auch »Ela« gerufen, ist die Dritte im Bunde. Ela wohnt in unmittelbarer Nachbarschaft der Ritters; sie hat langes braunes Haar, ist eine gute Judo-Sportlerin, in allen Schulfächern irre stark und liebt besonders ihren Rauhaardackel, der auf den seltsamen Namen Pitbull hört. Sie hat noch einen kleineren Bruder namens Michael. Ihr Vater arbeitet beim Bau. Ela ist Randys Freundin, auch wenn sich die beiden hin und wieder streiten, dass die Fetzen fliegen. Michaela ist äußerst neugierig und schafft es immer wieder, genau dort aufzutauchen, wo die Action abgeht.

Die Warnung

Der Anruf kam am späten Abend. Das laute Schrillen des Telefons ließ Randy Ritter hochschrecken. Er war in eine Zeitschrift vertieft gewesen, unwillig schüttelte er den Kopf und sprang beim zweiten Klingeln hoch.

Die Zeitschrift – ein PC-Spiele-Magazin – rutschte über sein linkes Knie und landete auf dem Teppich.

Zwei Schritte brauchte Randy bis zum Telefon. Beim nächsten Schrillen hob er das schnurlose Telefon ans Ohr.

»Ja, bitte ...?«

Er hörte merkwürdige Geräusche in der Leitung. Ein Schnaufen, Keuchen, Räuspern. Das klang ja richtig unheimlich.

»He, wer ist da?«, rief Randy ungeduldig. Er trat von einem Fuß auf den anderen.

»Bist du es, Junge?«

Randy runzelte nachdenklich die Stirn. Der unbekannte Anrufer hatte zwar nur diese eine Frage gestellt, Randy aber trotzdem misstrauisch gemacht. Außerdem hatte der Mann einen komischen Dialekt oder eine seltsame Aussprache.

Sollte der Anruf vielleicht etwas mit seinem Vater zu tun haben, den ja oft genug Leute aus aller Welt anriefen?

»Bist du noch dran, Junge?«

»Ja, bin ich.«

»Das ist gut.«

»Wer sind Sie denn?«

»Tut nichts zur Sache, Junge.«

»Nein, tut es das nicht?«, fragte Randy schroff. »Was wollen Sie von mir?«

»Ich meine es gut mit dir, Junge. Sehr gut sogar. Ich will dich warnen. Lass die Finger von der Sache.«

»Hä?« Randy war völlig von der Rolle. Bei dem Anrufer schienen ein paar Gehirnwindungen verschoben zu sein. »Von welcher Sache sprechen Sie, Mann?«

»Das weißt du genau.«

»Nein, weiß ich nicht. Können Sie sich nicht klar und deutlich ausdrücken?«

»Es war klar genug. Das ist eine Warnung. Okay?«

Randy hörte, wie der Unbekannte auflegte. Er behielt trotzdem den Hörer in der Hand und lauschte dem Besetztzeichen. Dann hob er die Schultern. Das war ihm noch nie passiert. Der Anrufer musste wirklich ein paar Schrauben locker haben. Einer dieser komischen Scherzkekse, die am späten Abend oder mitten in der Nacht fremde Leute mit Anrufen nervten.

Andererseits schien er genau gewusst zu haben, mit wem er sprach. Also war der Anruf kein Versehen gewesen. Nur wusste Randy nicht, wovon er die Finger lassen sollte.

»Wer hat denn angerufen, Randy? War es Vater?«

Der Sechzehnjährige drehte sich rasch um, als er die Frauenstimme hörte. Seine Mutter war aus dem Bad gekommen und schaute zu, wie ihr Sohn das schnurlose Telefon zurück in die Station steckte.

»Nein, es war nicht Vater.«

»Wer dann?«

Randy sah seine Mutter an. Sie war 37, eine große, schlanke Frau mit dunklen Haaren und warmen braunen Augen. Randy mochte auch ihr Lächeln, doch jetzt blieb ihr Gesicht ernst.

»Ich ... ich habe keine Ahnung.« Randy hob die Schultern. »Er wollte mir nicht sagen, wer er war. Er hat mich einfach gewarnt. Ich soll die Finger von einer gewissen Sache lassen.«

»Welche Sache denn?«

»Das frage ich mich auch.«

Marion Ritter schüttelte den Kopf. »Hat sich einer deiner Freunde einen Scherz erlaubt?«

»Nein«, war Randy überzeugt, »das machen die nicht. Außerdem kennen sie ja meine Handynummer. Ich dachte schon, dass es etwas mit Vater zu tun hat.«

»Nein, der ist in den USA.«

»Er hat schließlich einen außergewöhnlichen Job.«

Marion Ritter holte tief Luft und steckte die Hände in die Taschen des Bademantels. »Es wird am besten sein, wenn du schlafen gehst. Du hast morgen einen langen Tag vor dir.«

»Stimmt schon.«

»Gute Nacht, Randy.« Seine Mutter drückte ihm einen Kuss auf die Stirn und lächelte dabei. Sie hatte zu ihrem Sohn ein gutes Verhältnis. Die beiden waren wie Freunde, die sich aufeinander verlassen konnten.

Randy ging die breite Treppe hoch in die erste Etage, wo sein Zimmer lag. Die Ritters wohnten in einem großen Haus, das schon fast ein kleines Schloss war. Zur Hälfte gehörte es ihnen. Den anderen Teil bezahlte die Firma, für die Dr. Peter Ritter arbeitete und für die er auch viel unterwegs war. Was er genau machte, darüber sprach er nur selten. Später einmal wollte er seinen Sohn aufklären. Wurde Randy nach dem Beruf des Vaters gefragt, gab er Ingenieur an.

In einem Schloss oder schlossähnlichen Haus ist alles breiter und größer. Manchmal zu groß, wie Randy fand. Sie konnten nicht alle Räume benutzen. Wäre nicht Alfred, ihr Butler, gewesen, hätte die Mutter es kaum geschafft, den Haushalt in Schuss zu halten.

Randy fand es cool, einen Butler zu haben, zudem noch einen, der so hieß wie der von Bruce Wayne alias Batman. Auch »sein« Alfred konnte einfach alles: Er sprach mehrere Sprachen und hatte Randy unten im Fitness-Raum in die Kunst der Selbstverteidigung eingeweiht. Mit technischen Dingen kannte er sich ebenfalls aus: Wenn Randy Probleme mit dem PC hatte oder mit einer neuen Software nicht zurecht kam, wandte er sich an Alfred. Der war ein kleines Genie.

Randys Zimmer war groß. Es hatte zwei Fenster. Sie lagen zum Fluss hin. Der Junge stand oft hinter den Scheiben und schaute auf die sich träge dahinwälzenden grauen Fluten des Rheins. Düsseldorf lag nicht weit entfernt, aber auch nicht so nah, dass ihr Haus zur Stadt gehört hätte.

Sie wohnten eigentlich ziemlich einsam. Die Straße führte weit vor dem Haus vorbei.

Randy hatte das Zimmer nach seinem Geschmack eingerichtet, der hin und wieder wechselte, so dass der Raum öfter ein neues Gesicht bekam. Zurzeit war Randy ganz vernarrt in einen bekannten Kino-Helden, und entsprechende Filmplakate mit dem glatzköpfigen Muskelmann zierten die Wände des Zimmers. Seine stärksten Action-Kracher hatte Randy auch auf DVD.

Randy war müde. Er merkte es, als er sich auszog, dann auf der Bettkante saß und anfing zu gähnen. Er schaltete nicht einmal den CD-Player ein, um Musik zu hören. Der Sechzehnjährige war froh, als er endlich im Bett lag.

Hinter ihm stand die Lampe. Er brauchte nur den Arm zu heben, um das Licht zu löschen.

Die Dunkelheit fiel über den Raum. Sie gab ihm eine ganz andere Atmosphäre. Die beiden Fenster wirkten jetzt wie viereckige graue Glotzaugen. Vom Bett aus konnte er durch die Scheibe in den Himmel schauen, wo sich die Gestirne hinter grauen Wolken versteckt hielten.

In einem alten Haus ist es nie ruhig. Randy hörte das Knacken des Holzes, dann die Schritte seiner Mutter. Eigentlich hätte er einschlafen müssen, weil er verdammt müde war.

Der Schlaf wollte nicht kommen. Er fühlte sich wie nach einem harten Fußballspiel, das ihn innerlich aufgeputscht hatte. Er dachte an den komischen Anruf und auch daran, dass er in einigen Stunden nach Düsseldorf zum Flughafen fahren musste, um einen Freund abzuholen. Sein japanischer Brieffreund hatte seinen Besuch angesagt. Er hatte ebenso Ferien wie Randy.

Allerdings passte die Bezeichnung »Brieffreund« nicht so recht, denn die beiden Jungen schickten sich keine richtigen Briefe, sondern E-Mails übers Internet. Sie hatten sich in einem Chatroom über Mangas, also japanische Comics, kennen gelernt, und inzwischen waren sie dicke Freunde, ohne einander jemals persönlich begegnet zu sein.

Wieder streifte Randys Blick das Fenster. Er tat es nicht einmal bewusst, einfach so, aber er schrak plötzlich zusammen, denn hinter der Scheibe bewegte sich etwas.

Da war jemand!

Manchmal konnte Randy einen Blitzstart hinlegen. Das hatte er auch jetzt vorgehabt, doch irgendetwas lähmte ihn, und er blieb auf dem Rücken liegen und starrte auf die Scheibe.

Ja, es war eine Gestalt, die sich dahinter abzeichnete. Ein Einbrecher? Immerhin war schon einmal versucht worden, ins Haus der Ritters einzubrechen. Seit dieser Zeit hatten sie eine Alarmanlage. Jetzt war offenbar wieder jemand an der Fassade hochgeklettert. Vielleicht hatte er sich durch die dort wachsenden Ranken und Efeuschlingen geschoben und auf den schmalen Simsen Halt gefunden.

Randy spürte, dass sein Herz schneller schlug. Unter seinen Achseln bildete sich Schweiß, ebenso auf den Handflächen.

Da klopfte es auch noch.

Poch ... poch ...

Ein Einbrecher, der klopfte? Nein, daran wollte Randy nicht glauben. Er sah die Bewegung hinter dem Fenster. Jemand winkte ihm mit einer Hand zu.

Randy stieg aus dem Bett, ging auf nackten Füßen über den Holzboden und öffnete das Fenster.

Ein lächelndes Gesicht schaute ihn an.

»Hab ich dich erschreckt, Randy?«

Randy holte schnaubend Luft. »Ich dachte schon, ich hätte Ameisen im Blut, so komisch wurde mir.«

»Spielt keine Rolle mehr, meine Arbeit hier ist erledigt!«

Randy schaute nach unten und sah nun die Leiter. Es turnte kein Fremder an der Hauswand herum, sondern Alfred, der gute Geist des Hauses. Er trug einen Arbeitsanzug und hielt einen Schraubenzieher in der Hand.

»Was hast du denn hier oben gemacht, Alfred?«

»Etwas nachgeschaut.«

»Und was?«

»Da war eine Leitung unterbrochen.« Alfred schaltete die Lampe an, die er an seinem Gürtel befestigt hatte. Der Strahl traf einen Draht, der an der Wand hochkletterte. »Er war abgerissen. Der letzte Sturm hat ganz schön gewütet.«

»Ach so.«

Alfred grinste wieder. Sein dunkler Oberlippenbart bewegte sich dabei. Alfreds Haare hatten die gleiche Farbe. Sie waren immer glatt nach hinten gekämmt. Die Stirn wirkte deshalb viel höher, als sie tatsächlich war.

»So, leg dich wieder hin.«

»Ja, dann gute Nacht.«

»Ist noch was?«, fragte Alfred, als er bemerkte, dass Randy zögerte.

»Eigentlich nicht. Aber ... nun, ich bekam kurz vor dem Schlafengehen noch einen Anruf.«

»Ich hörte das Telefon. Wer war es denn?«

»Keine Ahnung, ein Unbekannter.« Randy hatte zu Alfred das gleiche Vertrauen wie zu seinen Eltern. »Er wollte auch seinen Namen nicht nennen, sagte nur, dass ich die Finger von einer bestimmten Sache lassen soll.«

»Was für eine Sache?«

»Wenn ich das wüsste.«

Alfred verengte die Augen. Das tat er immer, wenn er nachdachte.

»Hast du eine Vermutung?«, fragte der Junge. »Weißt du etwas darüber?«

»Nein, Randy, tut mir Leid.«

»Das ist schon komisch.«

»Schlaf mal eine Nacht darüber. Wenn der Kerl wirklich etwas von dir will, wird er sich wieder melden.«

»Das meine ich auch. Er hatte nur so eine komische Aussprache.«

»Wie denn?«

Randy hob die Schultern. »Na, so einen Dialekt oder Akzent, verstehst du? Der kam bestimmt nicht aus Deutschland.«

Alfred legte die Hände auf die äußere Fensterbank. »Tut mir Leid, da kann ich dir auch nicht helfen.«

Die beiden verabschiedeten sich, und Randy legte sich wieder hin.

Alfred verschwand. Randy hörte noch, wie er die Leiter zusammenschob. Diesmal dauerte es nicht mehr lange, bis dem Jungen die Augen zufielen und er eingeschlafen war.

Er träumte weder von Einbrechern noch von Anrufen und schlief durch bis zum Morgen.

Turbos Ankunft

Sekunden zuvor hatte den großen Metallvogel noch das bleierne Grau der ziemlich tief hängenden Wolken verdeckt. Nun schoss er hervor, und sogar die Sonne tauchte irgendwo verschüchtert auf. Sie schickte einen Strahl gegen den Rumpf, wo ein blitzender Reflex entstand.

»Ist schon krass«, sagte Randy.

»Was ist krass?«, fragte Michaela.

»Das Flugzeug.«

Randy tippte Michaela auf die Schulter. Sie hieß mit Nachnamen Schröder, war vierzehn, hatte lange Beine, trug fast immer nur Jeans und lässig fallende Pullover mit Aufdrucken. In der Schule gehörte sie zu den Besten und war praktisch die Nachbarstochter der Ritters. Sie und Randy waren miteinander befreundet. Zwar stritten sie sich oft, aber irgendwie kamen sie danach immer wieder zusammen.

»Nimm deinen nackten Finger von meiner angezogenen Schulter, Randolph.«

Randy verzog das Gesicht. Wenn sie ihn mit seinem richtigen Namen ansprach, meinte sie es ernst. Normalerweise nannte ihn nämlich jeder Randy.

Nur Michaela nicht, wenn sie ihn ärgern wollte. Sie hatte ein feingeschnittenes Gesicht, das von langen braunen Haaren umrahmt wurde.

Randy nahm die Hand nicht zurück, im Gegenteil: Er trommelte mit den Fingerspitzen auf Michaelas Schulter herum, um sie zu provozieren.

Das hätte er besser nicht getan, denn auf einmal wirbelte sie herum, packte ihn um die Hüften und setzte zu einem Judogriff an, mit dem sie Randy auf den Rücken schleuderte.

»Na?«, rief Michaela. »Das war doch was.«

»Und wie«, sagte ein in der Nähe stehender Mann, und er klatschte Beifall. »Richtig toll.«

Randy erhob sich schnaufend. »Bist du ein rabiates Weib.«

»Nur wenn man mich ärgert.«

Die beiden standen auf der Aussichtsplattform des Düsseldorfer Flughafens. Alfred hatte sie hingefahren. Er wartete in einem kleinen Café, bis sie mit Randys japanischem Brieffreund zurückkamen.

Die Maschine, aus Tokio kommend, hatte bereits zur Landung angesetzt. Es wurde für Michaela und Randy Zeit, sich zum Zollausgang zu begeben.

»Wie heißt der noch?«, fragte Michaela.

»Toshikiara.«

»Wie?«

»To-shi-kia-ra.« Randy betonte jede Silbe, stieß bei Michaela trotzdem auf Unverständnis.

»Nee, den Namen kann ich mir nicht merken.«

»Ich dachte immer, du wärst so schlau.«

»Alles nur Tarnung, sonst würde ich dir ja die Schau stehlen.«

Die beiden schlenderten durch die große Halle. Es herrschte ziemlich viel Betrieb. Ein Durcheinander, das ein gewisses Flair hatte, dem man sich schlecht entziehen konnte. Hier roch es nach der weiten Welt, nach Ferne, nach Abenteuer, nach fremden Kontinenten und auch nach Aufregung.

Jeder, der nicht aus der Europäischen Union kam, musste durch den Zoll. Aber durch Glaswände konnten die Wartenden die Ankunft der Fluggäste beobachten. Da war auch das Transportband zu sehen, auf dem die Gepäckstücke lagen.

In den Häuschen hatten schon die Zollbeamten ihre Plätze eingenommen. Außer Michaela und Randy waren noch andere Besucher da, die Passagiere abholen wollten. Unter ihnen befanden sich auch Japaner.

»Denkst du noch an den Anruf?«, fragte Michaela, die von Freunden auch einfach nur Ela genannt wurde.

»Wie kommst du denn darauf?«

Ela zeichnete mit der Turnschuhspitze Kreise auf den Boden. »Fiel mir nur gerade so ein.«

»Nee, tu ich nicht. Aber jetzt, wo du es sagst ...«

»Ist schon komisch.«

»Finde ich auch.«

»Und du hast die Stimme nicht erkannt?«

»Nein.«

Michaela kreuzte die Beine. »Wie sieht der eigentlich aus? Dieser Toshidingsda?«

»Wie ein Japaner.«

Ela legte ihre flache Hand gegen Randys Stirn. »Au, ist das heiß. Ich glaube, du hast Fieber.«

»Was hat dich denn gebissen, he?«

»Ich weiß auch, dass er wie ein Japaner aussieht. Aber ist er groß, klein, schmal, dünn, dick, breit ...?«

»Ich kenne ihn nur von Bildern, die er mir übers Internet geschickt hat. Sieh her.« Er holte einen Farbausdruck unter der Jacke hervor und hielt ihn Ela hin.

»Aha.«

»Was heißt hier aha?«

Ela antwortete ihm nicht, sondern rief stattdessen: »Da kommen die ersten Passagiere!«

In der Tat erschienen sie. Es waren Asiaten und Europäer, bunt gemischt. Zumeist Männer, nur wenige Frauen, und Jugendliche waren noch gar nicht zu sehen.

Michaela war zwei Schritte vorgegangen und hatte sich auf die Zehenspitzen gestellt. Wippend blieb sie stehen.

Randy behielt seinen Platz bei. Mit vor der Brust verschränkten Armen wartete er ab. Auch er war aufgeregt, wollte es aber nicht zeigen und gab sich locker.

Plötzlich zuckte er zusammen. Nicht das Geschehen vor ihm hatte ihn aufgeschreckt, es war die Stimme des

Mannes, der hinter seinem Rücken stand. Der Mann sprach Japanisch.

Randy erkannte die Stimme wieder.

Es war der Anrufer vom vergangenen Abend!

Randy drehte sich nicht um, aber er überlegte fieberhaft, wie er sich möglichst unauffällig verhalten konnte.

Dann ging er einen Schritt nach rechts, stieß gegen eine Frau, entschuldigte sich und warf dabei vorsichtig einen Blick nach hinten.

Zwei Japaner standen dort dicht beisammen. Sie unterhielten sich, während sie gleichzeitig die Passagiere beobachteten, die vorne auf ihr Gepäck warteten.

Einige hatten ihre Koffer bereits vom Band genommen und gingen auf den schmalen Kontrollgang zu, wo die Zollbeamten auch Stichproben vornahmen.

Randy hatte nur Augen für die beiden Männer. Sie waren fast so groß wie er, aber ziemlich breit in den Schultern. Der eine trug einen braunen Anzug und eine Krawatte, die ein Blümchenmuster zeigte. Er hatte sein dunkles Haar kurz geschnitten und trug es nach vorn gekämmt.

Der andere hatte eine Glatze. Einen kahlen Schädel, der ihn nicht etwa so cool aussehen ließ wie Action-Held Vin Diesel, sondern eher den Vergleich mit einer übergroßen Billardkugel aushielt. Dafür wuchsen über seinen Augen die dichtesten Brauen, die Randy je gesehen hatte, so dass sein Gesicht etwas Drohendes hatte.

Ob die beiden auch ihn entdeckt hatten, wusste Randy nicht. Jedenfalls blickte er schnell wieder weg und machte sich seine Gedanken. Ohne Grund war er sicher nicht angerufen worden, und ohne Grund waren die Kerle auch nicht hier erschienen.

Möglicherweise hing das alles sogar mit der Ankunft von Toshikiara zusammen. Aber was konnte ein fünfzehnjähriger Japaner mit diesen beiden Typen zu tun haben? Verwandte waren das bestimmt nicht, sicherlich auch keine Bekannten. Außerdem hatte der eine ja die Warnung ausgesprochen.

Ela winkte heftig. »Los, Randy, ich sehe ihn. Komm schon!«

Als sich Randy nicht rührte, lief sie zu ihm, packte seinen rechten Arm und zerrte ihn nach vorne bis zur Trennscheibe. »Das ist er. Da, schau ihn dir an!«

Toshikiara war kleiner als Randy und Ela. Er trug eine grüne Hose, ein weißes T-Shirt und darüber eine leichte Windjacke. Er hatte einen Bürstenhaarschnitt, was seinen Kopf etwas viereckig aussehen ließ.

Noch hatte Toshikiara sein Gepäck nicht gefunden. Seine Blicke wechselten zwischen dem Band und der Glasscheibe hin und her. Auch Randy winkte jetzt.

Der Freund aus Japan sah es und lachte breit. Er freute sich, den deutschen Jungen zu sehen. »Ich komme gleich!«, rief er laut. »Nur noch das Gepäck.«

»Ist gut.«

»Der spricht aber gut Deutsch«, sagte Ela.

»Das hat er in der Schule gelernt und natürlich durch unseren E-Mail-Kontakt.«

»Angeber.«

»Weißt du was?«

»Nein.«

»Ich habe vorhin die Stimme des Anrufers gehört.«

»Scherzkeks.«

»Das ist kein Witz. Der stand hinter mir und unterhielt sich mit einem anderen. Wenn du dich vorsichtig umdrehst, wirst du zwei Japaner sehen. Einer davon hat 'ne Glatze.«

»Und der andere?«

»Trägt einen braunen Anzug.«

Michaela drehte sich auf der Stelle. Randy schaute nicht zurück, hörte aber die Bemerkung seiner Freundin.

»Spinnst du eigentlich. Da steht keiner mit 'ner Glatze und auch keiner im braunen Anzug.«

Ela hatte Recht, das musste Randy zugeben, nachdem auch er sich umgedreht hatte. »Aber vorhin waren sie da. Und der eine sprach mit derselben Stimme, wie sie auch der Anrufer gehabt hat.«

»Du hast dich geirrt.«

»Nein!«

»Egal, dein Freund geht jetzt durch den Zoll.«

Toshikiara war mit zwei Koffern gekommen. Sie waren prall gefüllt. Den beiden kontrollierenden Beamten legte er ein Schreiben vor, das sich der eine sehr genau durchlas.

»Was ist das denn schon wieder?«, fragte Ela.

»Keine Ahnung. Wir werden ihn fragen.«

Toshikiara erhielt sein Schriftstück zurück und bedankte sich. Er passierte die Schranke und traf an deren Ende auf die beiden wartenden Freunde.

»Da sind wir!«, sagte Randy.

Toshikiara nickte.

Zwischen ihnen stand irgendwie eine Wand aus Verlegenheit. Keiner wusste so recht, wie er beginnen sollte. Das übernahm schließlich Ela: »Also, ich heiße Michaela Schröder. Du kannst mich aber Ela nennen.«

Michaela reichte Toshikiara die Hand, und der Junge aus Japan drückte sie fest und lächelte dabei. Das Eis zwischen ihnen war gebrochen. Jetzt begrüßten sich auch die beiden »Brieffreunde«.

Toshikiara lächelte. »Du bist viel größer als ich, Randy.«

»Na ja, das kommt schon mal vor.«

Randy war tatsächlich ziemlich groß, wirkte dabei aber nicht schlaksig. Er hatte durch den Sport, den er trieb, breite Schultern und schmale Hüften bekommen. Eine Sportlerfigur eben. Sein Haar war dunkelblond, die Augen graublau, und der Mund schien irgendwie schief gewachsen zu sein, denn Randy sah aus, als würde er immer grinsen. Das hatte schon manchen Pauker auf die Palme gebracht, der sich von Randy auf den Arm genommen fühlte.

»Ich finde es voll gut, dass du endlich hier bist, Toshikiara.«

»Ich freue mich auch, Randy.«

Ela schüttelte den Kopf. »Ihr könnt mich für beschränkt halten oder noch mehr, aber das mit dem Namen ... Den kann man sich überhaupt nicht merken. Toshikarama ...« Sie seufzte. »Er braucht einen Namen, der einem nicht die Zunge verknotet, wenn man ihn aussprechen will. Eine Art Kampfnamen.«

»Einen Kampfnamen?«, fragte Randy.

Toshikiara lächelte Michaela verständnisvoll an. »So wie Randolph Randy genannt wird und du Ela.« Er nickte und schlug vor: »Zwei Freunde in meiner Schulklasse nannten mich mal Turbo, weil ich beim Autorennen so verflixt schnell bin. So könnt ihr mich nennen.«

Randy staunte. »Beim Autorennen?«

Er glotzte Toshikiara an.

»Auf dem PC«, begriff Michaela. »Mann, bist du schwer von Begriff.«

»Also – warum nennt ihr mich nicht einfach Turbo?«, fragte der junge Japaner.

Randy verzog die Lippen. »Sag mal ehrlich, gefällt dir der Name?«

»Ja.«

»Dann hast du nichts dagegen, wenn wir dich der Einfachheit halber so nennen?«, fragte Michaela.

»Er ist eben höflich«, meinte Randy.

»Nein, ihr könnt mich so nennen«, sagte Turbo und grinste breit.

»Super«, meinte Michaela. »Dann kannst du mich Ela nennen. Aber das weißt du ja schon.«

»Toll, darauf gebe ich einen aus«, rief Randy begeistert.

Turbo winkte ab. »Nein, danke. Ich trinke keinen Alkohol!«

Ela und Randy glotzten ihn an, dann begriffen sie und lachten los. »Das meinte ich nicht«, erklärte Randy. »Spezi und Fritten gebe ich aus.«

»Wenn wir sie nur schon hätten!«, seufzte Ela.

Randy schnappte sich einen der Koffer. »Meine Güte, ist der schwer. Was hast du da alles eingepackt?«

»Nicht sehr viel. Aber du hast den mit dem Schwert erwischt.«

Randy stellte das Gepäckstück wieder ab. »Was habe ich erwischt? Den mit dem Schwert?«

»Ja, ich nahm es mit. Ich habe sogar eine Genehmigung dafür erhalten. Deshalb musste ich das Papier vorzeigen.«

Auch Ela war neugierig geworden. »Weshalb verreist man denn mit einem Schwert?«

»Oder bist du ein Samurai?«, fragte Randy.

»Unsinn.«

»Dann sag den Grund.«

Turbo schüttelte den Kopf. »Nicht jetzt – später. Aber ich musste es mitnehmen.«

»Na gut, wie du meinst. Einen kleinen Tick hat jeder.« Randy packte wieder den Griff. Er hob den Koffer noch nicht an, denn Michaela meldete sich. »Hattest du nicht von einem Glatzkopf und einem Typ im braunen Anzug gesprochen?«

»Ja.«

»Da sind die beiden wieder.« Ela deutete schräg nach links. Die beiden Männer standen nahe dem Lufthansa-Schalter, unterhielten sich, und der Typ im braunen Anzug schaute dabei zu ihnen herüber.

»Habt ihr was?«, fragte Turbo.

»Wie man's nimmt.« Randy wies mit dem Kopf nach links. »Da sind zwei Landsleute von dir. Kennst du die zufällig?«

»Nein!«

»Du bist sicher?«

»Wenn ich einmal Nein gesagt habe, bleibe ich auch dabei.«

»War nur eine Frage.«

»Aber ihr kennt sie?«

»Ich habe sie heute auch zum ersten Mal gesehen«, erklärte Randy. »Einer rief mich gestern Abend an. Die beiden standen in der Gruppe der Wartenden hinter der Zollscheibe. Als sie sich unterhielten, erkannte ich die Stimme wieder.«

»Was hat er denn zu dir gesagt?«

»Sehr wenig. Das war mehr eine Warnung. Er sagte, dass ich die Finger von der Sache lassen soll.«

»Welche Sache denn?«

»Wenn ich das wüsste, wäre mir wohler.«

»Ein komischer Spaß.«

»Ich weiß nicht, ob das ein Spaß ist. Zumindest sehen die Kerle nicht spaßig aus.«

»Lass uns weitergehen.« Turbo wollte nichts mehr davon wissen. »Wie kommen wir denn zu euch?«

»Alfred wartet auf uns.«

»Das ist euer Diener oder so?«

»Ja. In einer E-Mail habe ich dir von ihm berichtet.«

»Ach ja. Alfred der Butler. Wie der von Batman. Auf den bin ich gespannt.«

»Der ist nett«, sagte Ela. »Macht auch jeden Spaß mit.«

»Und was ist mit deinen Eltern, Randy?«

»Mein Vater ist mal wieder unterwegs. Ich glaube, der drückt sich in Los Angeles herum. Er will irgendwas mit Computern machen.«

Sie hatten mittlerweile eine der Ausgangstüren erreicht.

Taxis rollten herbei und luden Fahrgäste ein. Randy drehte sich noch einmal um.

Die beiden Japaner sah er nicht mehr. Dafür kam ein Mann auf sie zu, der ihnen zuwinkte.

Es war Alfred. Er trug eine braune Lederjacke. Sein Haar bewegte sich im Wind.

»Das also ist Alfred.« Turbo lachte und wurde von dem Diener der Ritters begrüßt wie ein alter Freund, der nach langer Zeit wieder zurückgekehrt war.

»Na, das freut mich aber, dass ich dich endlich einmal sehe, Toshikiara. Ich habe viel von dir gehört.«

»Sag doch Turbo!«, schlug Ela vor.

»Wie?«

»Das ist sein neuer Kampfname«, erklärte Randy.

»Hm.« Alfred strich über seinen Oberlippenbart. »Nun gut – dann also Turbo.«

Er bückte sich. »So, ich werde mir jetzt den Koffer unseres Gastes schnappen.« Er hob ihn an. »Mensch, Turbo, hast du Eisen geladen?«

»Der andere ist noch schwerer.«

»Darin verwahrt er sein Schwert«, sagte Ela.

Alfreds Augen verengten sich für einen Moment. »Ach, tatsächlich?«

»Sagt er wenigstens.«

Der Diener fragte nicht weiter. Er ging auf die Reihe der parkenden Fahrzeuge zu. Randy zog den zweiten Koffer, der glücklicherweise Rollen hatte. Turbo wollte ihm das Gepäckstück abnehmen, aber sein deutscher Freund schüttelte den Kopf. »Kommt gar nicht in die Tüte.«

»In die was, bitte?«

»Das sagt man hier so.«

»Na, ist gut. Was fahrt ihr denn für einen Wagen?«

»Keinen Japaner, falls du das glaubst. Wir haben einen Daimler.«

Das Gespräch zwischen den beiden versickerte. Zudem musste Randy den schweren Koffer ziehen.

Michaela und Alfred hatten den Mercedes bereits erreicht. Alfred öffnete die Klappe des Kofferraums, als die Jungen ankamen. Er wuchtete den Koffer hinein.

Randy stellte seinen Koffer ab. Turbo stand neben ihm, stieß ihn an und deutete auf den Wagen. »Was ist das denn? Der ist ja zur Seite gekippt.«

»Wieso?«

Da bückte sich Turbo bereits und deutete auf das rechte Hinterrad. »Hier, schaut mal.«

Randy ging ebenfalls in die Hocke. »Au, verflucht!«, flüsterte er. »Das darf doch nicht wahr sein. Da hat irgendein Typ den Reifen durchstochen.«

»Was sagst du?« Alfred schob Randy zur Seite. »So ein Mist!«

»Wie lange hast du den Wagen allein gelassen?«

Alfred richtete sich wieder auf. »Nicht sehr lange, aber die kurze Zeit hat dem oder den Kerlen gereicht.«

»Und warum tun sie so was?«, fragte Michaela.

»Das weiß ich auch nicht.«

Randy seufzte. »Aus Spaß vielleicht. Solche Bescheuerten gibt's ja leider.«

»Glaube ich nicht«, sagte Alfred. »Damit wurde irgendetwas bezweckt.«

»Ja, man will uns aufhalten«, vermutete Turbo.

»Vielleicht soll das Mittagessen anbrennen«, sagte Randy. Keiner lachte über den Scherz.

»Uns bleibt jedenfalls nichts anderes übrig, als den Reifen zu wechseln«, erklärte Alfred und deutete auf den noch offenen Kofferraum. »Das Reserverad liegt da drin. Wenn ihr mithelft, haben wir das schnell geschafft.«

»Ist nur etwas eng hier«, meinte Ela.

»Das geht schon. Lasst mich erst mal den Reifen rausholen und das Werkzeug.«

Die drei traten zur Seite. Sie schauten sich ziemlich betreten an. Turbo räusperte sich, ohne etwas zu sagen. Ela zog wieder Kreise mit der Fußspitze über den Asphalt. »Die beiden Japaner, nicht?«, flüsterte sie Randy zu.

»Kann sein«, flüsterte der Junge zurück.

»Habt ihr sie in Verdacht?«, fragte Turbo.

Randy hob die Schultern. »Was heißt in Verdacht? Ich kann mir im Moment niemand anderen vorstellen, der so etwas tun würde.«

»Aber hier laufen doch auch bestimmt solche Typen herum, die auf Autos aus sind, sie stehlen oder ...«

»Das kann auch sein.«

»Fragen können wir hier keinen«, meinte Ela.

»Nein. Hier interessiert sich niemand für den anderen«, war Randy überzeugt. »Wer achtet schon auf Leute, die sich an den Fahrzeugen zu schaffen machen? Das kannst du vergessen.«

Alfred hatte den Wagenheber ausgeladen und auch das Reserverad. Mit dem Kreuzschlüssel in der Hand bückte er sich, um die Muttern zu lösen. Turbo und Randy traten näher. Sie wollten helfen, als sie Michaelas Warnung hörten.

»Da sind sie!«

Beide schnellten hoch.

Die zwei Japaner waren schon da. Lautlos hatten sie sich herangeschlichen. Ihre Gesichter schwebten über dem Kofferraum wie zwei bleiche Flecken. Ein jeder griff nach einem Gepäckstück. Der Glatzkopf hob den Koffer aus dem Wagen, der Kerl im braunen Anzug schnappte sich den abgestellten mit dem Schwert.

Er hatte nicht mit Turbo gerechnet, der seinem Kampfnamen in diesem Augenblick alle Ehre machte. Bevor sich der Anzugträger versah, war der Junge bei ihm. Der Mann war viel zu sehr mit dem Koffer beschäftigt. Er konnte nichts tun, als Turbo ihm den Kopf in den Magen rammte.

Der Mann stieß ein komisches Geräusch aus. Es hörte sich an, als würde Luft aus einem Ballon entweichen. Die Augen weiteten sich, die Haut verlor noch mehr an Farbe, und seine Hand rutschte vom Griff des Koffers ab, als er zurückwankte.

Ela und Randy kümmerten sich um den zweiten. Der hatte den Koffer auf die Ladekante gestellt, als Ela ihm gegen das Knie trat. In den Augen des Glatzkopfs funkelten Tränen. Er ließ den Koffer los, als wäre dieser heiß geworden. Dann zuckte er zurück, humpelte weg und wollte seine Hand im Ausschnitt seiner Jacke verschwinden lassen.

Dagegen hatte der Mann im braunen Anzug etwas. Er sagte irgendetwas in seiner Muttersprache.

Glatzkopf zog sich zurück.

Die beiden machten sich nun schleunigst aus dem Staub. Sie flohen quer durch die Reihen der geparkten Wagen.

Alfred hatte sich erst jetzt aufgerichtet und kaum etwas mitgekriegt. »Was ist denn passiert?«

Die Freunde reagierten nicht. »Los, hinterher!«, rief Randy. »Die müssen wir erwischen.«

»Nein, die sind gefährlich!«, rief Turbo.

Randy war schon einige Schritte gelaufen. Er stoppte so hart, dass seine Turnschuhe quietschten. »Wieso? Kennst du die denn?«

»Nicht direkt, aber ...«

»Was ist los?« Randy kam langsam näher.

»Die tragen bestimmt Waffen bei sich. Pistolen oder Revolver. Wenn sie sich bedroht fühlen, werden sie die Dinger auch benutzen.«

Ela war blass geworden. »Schießen die auf uns?«, hauchte sie.

»Klar.«

»Voll krass«, meinte Randy. »Aber dafür müsste es einen Grund geben«

»Sicher, den möchte ich auch wissen.« Alfred hatte dem Gespräch zugehört und kam näher.

Turbo hob die Schultern. Er tat Ela und Randy plötzlich Leid. Wie verschüchtert wirkte er. Mit einer fahrigen Bewegung wischte er über sein Gesicht.

»Wenn du nichts sagen willst«, meinte Ela, »kannst du es auch lassen. Oder uns später alles erklären.«

»Es ist so schwierig, wisst ihr.« Er hob die Achseln. »Ich ... ich dachte, es wäre vorbei.«

»Was soll vorbei sein?«

»Die Jagd, Randy.«

»Wonach?«

»Sie wollen das Schwert. Diese Waffe ist für sie ebenso wichtig wie für uns.«

»Wer ist uns?«, wollte Alfred wissen.

»Meine Familie.«

»Deine Eltern also.«

»Richtig. Dieses Schwert ist ein Erbstück. Es ist einige hundert Jahre alt und hat sich immer im Besitz unserer Familie befunden. Das jedenfalls behauptet mein Vater.«

»Hat er denn Recht damit?«

»Mein Vater lügt nicht!« In Turbos Augen blitzte es auf.

»Entschuldige«, sagte Alfred. »Ich habe es nicht so gemeint.«

»Schon gut.«

»Ja«, schlug Randy vor. »Dann wechseln wir am besten den Reifen. Habe ich noch nie gemacht.«

»Wird Zeit, dass du es lernst«, meinte Ela.

»Was sollen diese dummen Sprüche, eh?«

Ela winkte ab. »Da du mir ja versprochen hast, mich einzuladen, du diese Einladung aber kaum aufrechterhalten kannst, wenigstens in absehbarer Zeit nicht, werde ich gehen und uns etwas besorgen. Wer möchte was zu trinken?«

Keiner war dagegen.

»Das Geld gebe ich dir dann wieder«, schlug Randy vor.

Ela schüttelte den Kopf. »Vergiss es.«

Eine halbe Stunde später hatten sie den Reifen gewechselt und konnten starten. Ela saß vorn neben Alfred. Die beiden Jungen hockten im Fond.

Turbo war schweigsam. Er schaute aus dem Fenster und hing seinen Gedanken nach.

Randy wollte ihn nicht stören. Nur glaubte er, dass Turbos Ankunft doch einiges durcheinander gebracht hatte.

Die nähere Zukunft hatte für sie alle bereits einen Namen bekommen.

Action!

Gefahr auf dem Wasser

Marion Ritter, so toll sie auch als Mutter war, hatte in Randys Augen trotzdem einen Fehler.

Sie war viel zu ängstlich und vermutete immer gleich das Schlimmste. Deshalb hatten sie auch beschlossen, ihr nichts von dem Vorfall zu sagen.

Der Empfang war herzlich. Frau Ritter nahm Turbo auf wie den eigenen Sohn. Sie hatte gekocht und gebacken. Es gab Sauerbraten, der auch dem Gast schmeckte, dazu Apfelkompott, zum Nachtisch Eis, und nach der Besichtigung des großen Hauses mussten sich die Freunde an die Kaffeetafel setzen.

Alfred streikte und hatte sich unsichtbar gemacht.

»Der hat's gut«, stöhnte Ela, streckte die Beine aus und legte die Hände auf den Bauch. »Was ich hier zunehme ...«

»Junge Leute in eurem Alter müssen essen«, erklärte Marion Ritter und schenkte den frisch gekochten Kakao ein. »Oder magst du meinen Streuselkuchen etwa nicht, Ela?«

»Doch, Frau Ritter, der ist toll.«

»Dann iss ihn auch.«

»Aber wir haben doch den Sauerbraten ...«

»Ihr könnt euch nach dem Essen etwas bewegen. Zum Rhein hinuntergehen ...«

»Das ist eine gute Idee«, sagte Randy. »Den Fluss wollte ich dir sowieso zeigen, Turbo.«

»Der ist auch bei uns in Japan bekannt.«

Als Turbo das erste Stück Kuchen verputzt hatte, fragte Frau Ritter, ob er nicht kurz seine Eltern in Tokio anrufen wollte, damit sie Bescheid wüssten.

»Das ist nicht nötig.«

Frau Ritter staunte. »Sie werden sich aber Sorgen machen.«

»Wenn er doch nicht will, Mum.« So redete Randy seine Mutter öfter an.

»Hör auf, Randy, es gehört sich einfach so. Finde ich.«

»Entschuldigung, Frau Ritter«, erklärte Turbo. »Aber meine Eltern sind nicht da.«

»Das ist etwas anderes.« Sie ließ nicht locker. »Was ist denn mit deinen Großeltern?«

»Tot.«

»Oh, das tut mir Leid. Hast du sonst noch Verwandte, die …«

»Leider nein, Frau Ritter.« Turbo wechselte das Thema. »Darf ich noch ein Stück Kuchen haben?«

»Aber gern. Ich bin froh, dass es dir so gut schmeckt.«

»Mir hat es auch geschmeckt«, sagte Michaela und stand auf. »Ihr müsst mich entschuldigen, aber ich muss nach Hause. Ich habe meiner Mutter versprochen, um vier da zu sein. Sie will noch weg, ich soll auf meinen kleinen Bruder aufpassen.« Sie schlug Turbo auf die Schulter. »Toll, dass du hier bist.«

Ela verabschiedete sich auch von Frau Ritter und bat darum, Alfred Grüße zu bestellen.

Um den Ausgang zu erreichen, mussten Ela und der sie begleitende Randy durch die große Halle gehen. Da gab es einen großen offenen Kamin und eine breite Treppe, die von zwei Seiten her in die Höhe führte. Die Möbel waren aus Eiche und schienen für die Ewigkeit zu sein.

»Wenn ich das so sehe«, flüsterte Ela, »habe ich immer das Gefühl, in einem Schloss zu sein.«

»So ähnlich ist es auch.« Randy öffnete die Tür. Sonnenlicht flutete ihnen entgegen.

Ela folgte ihrem Freund. »Wie gefällt dir Turbo?«, fragte Randy.

»Ich finde ihn stark.«

»Ich auch.«

Ihr Gesicht wurde ernst. »Und die Sache mit dem Schwert? Was hältst du davon?«

»Da steckt mehr dahinter, als wir bisher annehmen. Turbo kommt mir auch bedrückt vor. Als würde er ein Geheimnis mit sich herumschleppen, über das er nicht sprechen kann.«

Ela nickte. »Die beiden Japaner haben mir richtig Angst eingejagt. Dabei wollten sie sicher nur das Schwert. Soll Turbo es ihnen geben, dann hat die arme Seele Ruhe.«

»Das ist wohl nicht so einfach.«

»Kann sein. Sehen wir uns morgen, Randy?«

»Klar, tun wir.«

Randy schaute noch zu, wie sich Michaela Schröder auf ihr Rad schwang, das neben der Bank an der Hauswand gelehnt hatte. Winkend fuhr sie davon.

Im Esszimmer saßen seine Mutter und Toshikiara zusammen. Turbo aß soeben sein viertes Stück Streuselkuchen.

»Deinem Freund schmeckt es wirklich«, sagte Marion Ritter.

»Ich kann eben nicht so viel essen.«

»Und ich bin auch satt«, sagte Turbo endlich.

»Möchtest du noch Kakao?«

»Nein danke, Frau Ritter.«

Sie wandte sich an ihren Sohn. »Wann wollt ihr die Koffer auspacken? Jetzt oder …«

»Wer so viel gegessen hat, braucht einen Verdauungslauf. Wir gehen runter zum Fluss.«

»Seid ihr zum Abendessen wieder hier?«

Randy verdrehte die Augen. »Schon wieder essen. Willst du uns eigentlich mästen?«

»Keine Sorge, das könnt ihr schon noch vertragen.«

Turbo stand auf und bedankte sich in wohlgesetzten Worten für das Essen. Marion Ritter war von der Höflichkeit des jungen Japaners sehr angetan, sie bekam sogar einen roten Kopf, während Randy am Türpfosten lehnte und vor sich hin grinste.

Es war noch ein sehr schöner Nachmittag geworden. Über dem flachen Gelände stand der Himmel wie angemalt. Einige Wolkenfetzen sahen aus wie Wattebälle.

Hinter dem Haus hatte Frau Ritter einen Nutzgarten angelegt, den sie und Alfred bewirtschafteten. Auf der anderen Seite, also vor dem Haus, war Raum genug für einen Parkplatz, dort standen auch zwei Trauerweiden und eine weiß gestrichene Bank. Gartenmöbel standen ebenfalls dort. Die Stühle waren allerdings zusammengeklappt. Aus einem höher liegenden Kellerfenster winkte ihnen Alfred zu. Die Jungen grüßten zurück.

Turbo staunte nicht schlecht über den Wohnsitz der Ritters. »So habe ich mir das nicht vorgestellt, obwohl du davon geschrieben hast.«

»Es ist schon klasse.«

»Und der Turm da?«

Turbo meinte den mächtig wirkenden Turm an der Westseite. Er wirkte wie ein Fremdkörper, als wäre er nachträglich an das Haus gebaut worden.

»Tja, das ist so ein Ding«, gab Randy zu und hob die Schultern. »Der Turm gehört uns eigentlich nicht. Er ist gemietet.«

»Ach.«

»Von der Firma, für die mein Vater arbeitet. Es ist verboten, ihn zu betreten.«

Turbo bekam große Augen. Es stand allerdings auch Neugierde in seinem Blick. »Weshalb denn verboten? So etwas würde mich wieder reizen.«

»Mich auch, aber ich stecke da lieber meine Nase nicht rein. Es gibt Dinge, an denen kann man sich auch die Finger verbrennen. Im Turm arbeitet mein Vater, wenn er zu Hause ist. Er hat dort sein Büro und auch sein Labor. Manchmal führt er Besucher hinein, aber das sind immer ausgesuchte Leute, verstehst du?«

»Ja, glaube ich.«

Ein schmaler Weg, mehr ein Pfad, führte hinunter zu den Rheinwiesen, ein großes Gebiet, das bei Hochwasser stets überschwemmt wurde. Sie schritten durch das hoch wachsende Gras. Der Boden war noch feucht vom letzten Regen.

Der Strom lag vor ihnen als breites graues Band. Die Wassermassen schoben sich, von Süden her kommend, in Richtung Norden. Eine träge, mächtige Masse, manchmal aufquirlend, Strudel und Kreise bildend, dann wieder langsam und langweilig dahinziehend.

Der Schiffsverkehr war enorm. Ob Schlepper, Containerschiffe oder auch nur Motorboote, sie alle befuhren den Strom in beiden Richtungen.

Randy hatte die Hände in die Taschen seiner Jeans gesteckt. Er kickte einen kleinen Stein vor sich her und steuerte eine Trauerweide an, die auf einem kleinen Grashügel stand und deren lange, dünne Zweige fast den Boden berührten. Unter der Weide war eine Bank aus roh gezimmertem Holz aufgestellt.

»Das ist mein Refugium«, sagte Randy, als er sich setzte. Zwischen den Zweigen hindurch konnten die Jungen auf den Fluss sehen.

Auch Turbo setzte sich. »Finde ich gut.«

»Hier kann man herrlich nachdenken.«

»Worüber denn?«

Randy hob die Schultern. Dann beugte er sich vor, winkelte die Arme an, stützte die Ellbogen auf die Oberschenkel und drückte beide Handballen unters Kinn. »Über alles. Die Schule, die Eltern, die Freunde. Hier mache ich manchmal auch meine Hausaufgaben.«

»Bist du ein guter Schüler?«

Randy lachte. »Nein, eher Mittelklasse. Ela ist gut. Die steht sogar an der Spitze.«

»Ich bin auch nicht besonders.«

Randy wandte den Kopf und schaute Turbo an. »Aber in Sprachen ...«

»Ja, das kann ich.«

»Und Mathe?«

»Habe ich so meine Probleme.«

Randy lehnte sich wieder zurück. Im Gegensatz zu Turbo war er ziemlich unruhig. Der Japaner saß fast reglos auf der Bank und hatte die Arme vor der Brust verschränkt. Er blickte auf das Wasser und beobachtete die Schiffe.

»Dafür hast du das Schwert.«

»Leider.«

»Wieso leider?«

»Das kann auch eine Belastung sein, so ein Erbe, weißt du?«

Randy nickte und presste zwei Finger gegen die Stirn. »Moment mal«, sagte er. »Ein Erbe bedeutet, dass man dir diese Waffe überlassen hat.«

»Stimmt.«

»Und wer gab dir das Schwert?«

»Mein Vater.«

Randy erschrak. Er wurde bleich. Turbo merkte, was in ihm vorging, und sprach aus, was Randy dachte. »Du denkst jetzt, dass meine Eltern tot sind, nicht?«

»Genau das. Entschuldige – aber deinen Worten nach musste ich einfach so denken.«

»Ich glaube nicht, dass sie tot sind.«

Randy musste sich räuspern. Er war überrascht. Mit dieser Antwort hätte er nicht gerechnet. »Ich habe doch richtig gehört, oder?«, vergewisserte er sich noch einmal.

»Das hast du.« Turbo riss einen hohen Unkrauthalm aus dem Boden und ließ ihn durch die Finger gleiten. »Ich kann es dir ja sagen. Meine Eltern sind verschwunden. Oder vielmehr verschollen.«

Randy überkam das große Staunen. »Hat man sie vielleicht entführt?«

»Nein, das nicht. Sie mussten weg.«

»Weshalb?«

»Es ging um eine alte Familienfehde. Und um das Schwert. Mehr möchte ich nicht sagen.«

»Und das hast du jetzt.«

»So schreibt es die Tradition vor. Der Vater gibt das Schwert immer seinem ältesten Sohn. Es befindet sich seit Jahrhunderten im Besitz unserer Familie.«

»Zu Recht?«

»Ja.«

»Trotzdem wollen es andere haben.«

Turbo lächelte. »Du hast gut kombiniert, Randy. Man ist hinter dem Schwert her.«

»Hast du das denn nicht gewusst?«

»Nein, höchstens befürchtet. Meine Eltern sind verschollen, ich bekam das Schwert, nahm es mit und hoffte, dass ich den Verfolgern entgehen könnte. So wie es meine Eltern getan haben.«

»Du kannst dir aber nicht sicher sein, dass sie tatsächlich noch am Leben sind.«

Turbo gab eine ausweichende Antwort. »Sie werden sich irgendwann bei mir melden.«

»Und wenn nicht?«

»Dann wird es schwierig.«

Randy nickte. »Befürchte ich auch.« Er schaute auf das graue Gewässer. Ein weißes Ausflugsboot fuhr an den Jungen vorbei. Auf dem Deck standen oder saßen die Passagiere und feierten lautstark. Musikfetzen wehten zu den beiden herüber.

»An was denkst du jetzt?«

Randy lachte. »An gewisse Schwierigkeiten. Du musst ja irgendwann mal wieder nach Japan zurück.«

»Das befürchte ich auch.«

»Was würde dann geschehen?«

»Keine Ahnung. Ich will darüber auch nicht nachdenken. Viel lieber würde ich hier bleiben.«

»Für immer?«

»So lange wie möglich.«

Randy lehnte sich zurück. »Das ist ein Ding«, sagte er und schüttelte den Kopf. »Damit habe ich nicht gerechnet. Das ist krass, voll krass. Ich könnte mir vorstellen, dass aufregende Ferien vor uns liegen.«

»Das befürchte ich auch.«

»Die beiden Männer hast du nicht gekannt?«

»Nein.«

»Könnten sie denn Feinde deiner Eltern sein?«

»Nicht direkt. Man wird sie engagiert haben. Gekauft, begreifst du?«

»Ja.«

»Hinter dem Schwert ist eine andere Gruppe her. Ein Clan, der Yamuto heißt.«

»Der hockt in Japan, ja?«

»Dort sicherlich. Aber die Yamutos sind ziemlich reich. Sie haben ihre Finger überall dazwischen, auch in Europa. Ich schätze, dass sie auch hier in Düsseldorf sitzen. Das ist nicht nur eine Familie, sondern auch eine Firma. Sie stellen elektronische Geräte her, unter anderem Computer. Mein Vater hat mal gesagt, dass sie sehr mächtig sind.«

»Und die wollen auch das Schwert?«

»Genau.«

»Gehört es ihnen denn?«

Turbo hob die Schultern. »Das kann ich dir nicht sagen, Randy. Was das Schwert betrifft, so muss man wirklich weit zurück in die Vergangenheit gehen.«

»Da müsste es doch Unterlagen geben. Schriftstücke oder so?«

»Kann sein.«

»Hast du nie nachgeforscht?«

»Ich doch nicht. Höchstens mein Vater.« Turbo stand auf und reckte sich. »Er hat selten mit mir darüber gesprochen. Er hatte wohl Angst um mich.«

»Das begreife ich.« Auch Randy erhob sich. »Willst du wieder zurück?«

»Nein, zum Wasser.«

»Ist gut.«

Die Freunde schlenderten stumm nebeneinander her. Jeder hing seinen Gedanken nach.

»Tut mir wirklich Leid, dass ich euch so viel Ärger bereitet habe«, sagte Turbo.

»Das lässt sich verkraften.«

Sie hatten das Flussufer erreicht. Der Grasboden war gewichen. Sie standen jetzt auf einem mit Steinen übersäten Uferstrand. Die Wellen rollten klatschend heran und liefen dicht vor ihren Fußspitzen aus. Sie waren schaumig, manchmal schimmerten auch kleine Ölflecken auf dem grauen Wasser.

Der Rhein war immer noch sehr verschmutzt, egal, was offiziell erklärt wurde.

Das Ufer gegenüber wurde von einer Baumreihe gesäumt. Dahinter verlief die Straße. Die Autos wirkten klein, wenn sie vorbeifuhren.

Randy schaute auf die Schiffe. Die meisten transportierten Waren. Es waren auch kleinere Boote unterwegs, die Privatleuten gehörten.

Eines dieser Boote schien sich von der Strömung treiben zu lassen. Es war ziemlich dicht an das Ufer herangekommen, wo die Fahrrinne gerade noch tief genug war.

Das Boot war breit gebaut. Es musste unter Deck Platz für mehrere Personen bieten. Eine Überdachung war ebenfalls vorhanden. Randy sah, wie zwei Personen den Niedergang hochkletterten und sich an die Steuerbord-Reling stellten.

Sie schauten geradewegs zum Ufer. Es sah so aus, als wollten sie die beiden Jungen beobachten.

Eine Querwelle lief gegen den Bug des Schiffes. Gischt spritzte hoch, der Kahn begann zu schaukeln.

Auch Turbo hatte die Männer gesehen. »Ob die etwas von uns wollen?«, fragte er.

»Weiß ich nicht. Ich kann auch nicht erkennen, ob es die Japaner sind.«

»Die hast du nicht vergessen, wie?«

»Nein, bestimmt nicht.«

Die Männer hatten jeder etwas hervorgeholt. Sie pressten die Gegenstände vor ihre Gesichter.

»Das können Ferngläser sein«, meinte Randy.

»Oder Fotoapparate.«

»Auch.«

Langsam trieb das Boot vorbei. Hinter dem Heck entstand kein Schaumteppich. Ein Zeichen, dass der Motor tatsächlich nicht lief. Einer der beiden Männer reckte sich. Er trat dabei zurück, führte eine ungewöhnliche Bewegung aus – und einen Augenblick später blitzte es auf!

»Deckung, die schießen!«

Randy lag schon flach. Turbo warf sich neben ihm zu Boden.

Es war keine Schussdetonation zu hören, dafür prallte etwas nicht weit von ihnen entfernt gegen die hellen Steine, glitt dort ab und schlitterte noch ein Stück weiter.

Randy sah es zuerst. »Das ist ein Pfeil!«

Auch Turbo stand auf. Er ging hin, um den Pfeil aufzuheben. Randy beobachtete das Boot, von dem dieser gefährliche Gruß abgeschickt worden war. Die kleine Yacht hatte Fahrt aufgenommen. Randy sah noch, dass am Heck eine deutsche Flagge im Wind flatterte.

Turbo kam zu ihm. Er hielt den Pfeil in der Hand und war blass geworden. »Der hätte uns erwischen können.«

»Vielleicht wollten sie uns nur warnen.«

Turbo hob die Schultern. »Wenn ich das richtig sehe, ist das ein Ninja-Pfeil.«

»Ninja?«, wiederholte Randy. »Sind das nicht diese Kämpfer, die alles in Grund und Boden hauen.«

Turbo lächelte etwas verlegen. »So kann man es auch sagen. Offiziell gibt es sie nicht mehr in Japan, aber wer kann das schon sagen.«

Randy streckte die Hand nach dem Pfeil aus. »Der ist ziemlich schwer. Und mit einer stumpfen Spitze versehen. Hätte er uns getroffen, wären wir kaum verletzt worden. Er hatte beim Aufprall auch nicht viel Kraft.«

»Die Kerle wollten etwas von uns. Um die Spitze war eine Botschaft gewickelt.« Turbo zeigte seinem deutschen Freund ein zusammengefaltetes Stück Papier.

»Lass mich sehen.«

»Kannst du Japanisch?«

»Bis jetzt noch nicht.«

»Dann lese ich es dir vor. Hör zu: Das ist die letzte Warnung. Ihr werdet genau um Mitternacht das Schwert an dieser Stelle hier ablegen. Wenn nicht, holen wir es uns ...«

Randy gab keinen Kommentar ab. Er strich verlegen über sein Haar, schaute zum Fluss und hob die Schultern.

»Du sagst ja nichts.«

»Mir hat es die Sprache verschlagen. Erlebe ich einen Film, oder ist das Wirklichkeit?«

»Leider kein Kino.«

»Das ist eine echte Drohung.«

»So sehe ich das auch.«

»Und was machen wir?«

»Ich weiß es noch nicht.« Turbo sprach mit leiser Stimme und starrte auf seine Fußspitzen. »Ich weiß wirklich nicht, wie ich mich verhalten soll.«

»Wir müssen Alfred einweihen. Der wird vielleicht eine Lösung wissen. Was ist dir denn lieber? Nachgeben oder ...«

»Ich muss noch nachdenken.«

»Sollen wir wieder zurückgehen?«

»Mir egal.«

Die Jungen nahmen denselben Weg, den sie gekommen waren. Hin und wieder schauten sie zum Fluss zurück. Die Yacht, von der aus auf sie geschossen worden war, entdeckten sie nicht mehr. Dennoch hatten sie das Gefühl, beobachtet zu werden ...

Ein finsterer Plan

Die Yacht war stromabwärts gefahren, bis eine der Anlegestellen in Sicht kam. Sie gehörte zu einem kleinen Hafen, in dem Privatboote dümpelten. Das Gebiet war zum Fluss hin durch Wellenbrecher abgeteilt. Deshalb musste man von der Seite her in den Hafen hineinfahren.

Der Steuermann kannte seinen Job. Er war gemietet worden und hatte sich um nichts weiter zu kümmern, als die Yacht zu lenken. Das hatten die beiden Japaner ihm eingebläut.

Die beiden Männer an Deck stützten ihre Hände auf den Handlauf der Reling und schauten zum Ufer. Es waren die Japaner vom Flughafen. Nur trug der Glatzkopf jetzt eine Mütze, damit sein kahler Kopf nicht mehr so auffiel.

Der Mann neben ihm hielt sein Gesicht gegen den Wind. In seinem braunen Anzug wirkte er recht bieder, das allerdings war eine Täuschung.

Shuyo stand Kway, dem Glatzkopf, an Gefährlichkeit in nichts nach. Wenn es sein musste, waren sie absolut rücksichtslos.

Der Steuermann lenkte das Boot vorsichtig an die Anlegestelle, wo dicke Autoreifen den Aufprall dämpften.

»Sie werden es hoffentlich kapiert haben«, sagte Shuyo.

»Und wenn nicht?«

»Sieht es böse aus.«

»Für die Jungen?«

»Natürlich. Wir müssen das Schwert haben, sonst kostet es unseren Kopf. Und der ist mir zu wertvoll.«

»Meiner auch«, erklärte der Glatzkopf. »Wir hätten ihn erst gar nicht abfliegen lassen und die Sache schon in Tokio erledigen sollen.«

Shuyo hob die Schultern. »Es ist zum Glück nicht unsere Schuld gewesen. Die Informationen trafen einfach zu spät ein.«

»Und seine Eltern?«

»Sind untergetaucht, wie Yamuto sagte.«

»Kann er sie denn nicht finden?«

»Nein, sie halten sich zu gut versteckt.«

Das Boot hatte angelegt. Der Steuermann warf einem Helfer, der auf dem kleinen Kai stand, eine Leine zu. Der Mann mit der Schiffermütze fing das eine Ende geschickt auf und wickelte es um einen dicken Eisenpoller.

Der Steuermann tauchte auf dem oberen Deck auf. »Das war's«, sagte er. »Wenn Sie wieder mal etwas brauchen ...«

»Sprechen wir mit Ihnen«, erklärte Shuyo in gebrochenem Deutsch.

»Würde mich freuen.«

Kway sprang als Erster von Bord. Sichernd schaute sich der Mann mit der Glatze um. Er gehörte zu den Menschen, die überall Gefahren wittern und bereit sind, blitzschnell zu handeln.

Shuyo stieß ihn an. »Alles klar?«

»Ja, es beobachtet uns niemand.«

»Gut.«

»Und der Wagen?«

»Wird schon kommen.«

Die Japaner verließen das Gelände und wandten sich der Straße zu, die am Ufer entlangführte.

Japaner fielen in Düsseldorf und Umgebung nicht sehr auf. Die Einheimischen hatten sich an sie gewöhnt. So warf den beiden Männern auch kaum jemand einen neugierigen Blick zu.

Bis zu ihrem Treffpunkt mussten sie ungefähr zehn Minuten laufen. Das Lokal, in dem sie einen bestimmten Mann treffen wollten, war im Landhausstil errichtet. Es hatte ein Dach aus roten Ziegeln. Die Farbe schimmerte durch das Grün der Bäume.

Der Parkplatz des Lokals war zur Hälfte belegt. Zwar stand die Tür zum Restaurant hin offen, die meisten Gäste aber hatten sich bei diesem Wetter draußen niedergelassen, auf den Gartenstühlen unter den schattenspendenden Zweigen und Ästen alter Lindenbäume. Ein schöner Platz mit Blick auf den Fluss.

Die Japaner blieben für einen Moment am Rand des Gartens stehen und schauten sich suchend um. Der Mann, den sie treffen wollten, war noch nicht erschienen.

So suchten sie sich einen Tisch. Möglichst weit weg von den anderen Gästen. Eine Kellnerin kam und fragte nach ihren Wünschen. Beide bestellten Tee. Sie bekamen ihn schnell und zahlten auch gleich.

Der Tee schmeckte ihnen nicht. Als Japaner waren sie andere Sorten gewöhnt.

Kway schaute den Schiffen nach. Er hatte seine Sportangler-Mütze wieder abgenommen. Der blanke Kopf leuchtete wie eine glänzende Kugel. Zeit verstrich. Dreimal schon waren neue Gäste erschienen, aber der Mann, auf den sie warteten, hatte sich nicht unter ihnen befunden.

Doch er kam.

Und er war nicht allein.

Neben seinem Leibwächter, einem gewaltigen Wrestling-Typ im schwarzen Anzug, wirkte er klein und schmächtig. Wer ihn nicht kannte, hätte nicht für möglich gehalten, dass dieser weißhaarige Mann mit dem Ziegenbärtchen ein mächtiger Konzernchef war. Er stützte sich auf einen Stock, und sein Leibwächter schritt neben ihm her wie eine menschliche Mauer. Niemand kannte den Namen dieses Burschen, aber man wusste über ihn Bescheid. Und was man sich über ihn erzählte, waren böse Geschichten.

Shuyo und Kway waren aufgestanden. Sie wussten, was sich gehört, und sie verbeugten sich beide, als Yamuto an ihren Tisch trat. Der Konzernchef trug eine Sonnenbrille. Nachdem sie alle Platz genommen hatten, nahm er sie ab. Er hatte wasserhelle Augen. Ein Ausdruck oder Gefühle waren darin nicht zu erkennen.

Shuyo und auch Kway wurden klein in ihren Stühlen, als die Augen sie anstarrten, und der Weißhaarig stellte auch gleich die Frage, vor der sie sich fürchteten: »Ihr habt das Schwert nicht bekommen?«

»Nein!«, sagte Shuyo.

»Und weshalb nicht?«

Shuyo konnte sich die Antwort noch überlegen, weil gerade die Kellnerin zu ihnen kam. Yamuto bestellte zweimal Mineralwasser.

»Es war nicht so einfach. Am Flughafen hätten wir es fast geschafft, aber sie wehrten sich.«

Yamuto lachte leise. »Zwei Kinder?«

»Es waren drei Kinder. Und ein Erwachsener. Sie waren eben schneller. Außerdem schienen sie etwas geahnt zu haben.«

»Wie ging es weiter?«

»Wir schickten ihnen ein Ultimatum. Bis Mitternacht wollen wir die Waffe haben, sonst greifen wir zu härteren Mitteln. Das ist doch erlaubt?«

»Ja. Denn ich will das Schwert unbedingt haben. Ich muss es haben. Es gehört uns und nicht dieser anderen Familie.« Yamutos Stimme bebte vor Wut.

Das Mineralwasser wurde serviert und auch sofort bezahlt.

»Morgen früh will ich das Schwert in meinen Händen halten!«, sagte Yamuto mit scharfer Stimme. »Wenn nicht, mache ich euch dafür verantwortlich. Dann werdet ihr den Weg in die Heimat als Tote zurücklegen. Haben wir uns verstanden?«

»Ja, Herr!«

Die Täuschung

»Michaela hat angerufen!« Mit diesen Worten empfing Marion Ritter die beiden zurückkehrenden Jungen.

»Was wollte sie denn?«

»Ob ihr heute Abend bei ihr vorbeikommt?«

Turbo und Randy schauten sich an. Frau Ritter sah nicht, dass sich die beiden zuzwinkerten. »Nein, Mum, ich bleibe mit Turbo hier. Wir haben uns so viel zu erzählen, dass es einfach nicht geht.«

»Ich verstehe.« Jetzt erst fiel Frau Ritter der Pfeil auf, den Turbo in der Hand hielt. »Wo hast du den denn her?«, fragte sie.

»Ach, das war so …«

»Wir haben ihn gefunden«, fiel Randy dem Freund ins Wort.

»Einen Pfeil?«

»Warum nicht?«

»Wer wirft denn so etwas weg?«

»Kann ich dir auch nicht sagen. Er lag am Ufer. Wir jedenfalls sind keine Umweltverschmutzer. Daher haben wir ihn aufgehoben und mitgenommen. Ist das schlimm?«

»Natürlich nicht.«

»Wir gehen dann auf mein Zimmer.«

Marion Ritter schaute auf die Uhr. »Ihr wisst, wann ich das Essen fertig habe?«

»Wie immer, Mum, um neunzehn Uhr. Was gibt's denn?«

»Keine Fritten und auch keine Currywurst, mein Lieber. Etwas Anständiges: Kartoffelsalat.«

Randy bekam große Augen. »He, Turbo! Mach dich auf was gefasst. Meine Mutter ist eine der besten Kartoffelsalat-Herstellerinnen im gesamten Rheinland.«

»Jetzt aber hoch mit euch!«, rief Marion Ritter lachend. »Auf den Arm nehmen kann ich mich allein.«

Auch Randy lachte. »Irgendwann machen wir beide das!«

In seinem Zimmer war die gute Laune sofort verschwunden. Randy haute sich auf sein Bett und ließ die Beine über die Kante hängen. Turbo starrte ihn an und fragte: »Was machen wir jetzt?«

»Auspacken!«, schlug Randy vor. »Die Koffer, meine ich.«

»Und wo soll ich schlafen?«

»Entweder hier, oder du kriegst ein Gästezimmer. Was immer dir lieber ist. Das Haus ist groß genug.«

Turbo schaute sich um. »Und wo kann ich hier schlafen, wenn ich bei dir bleiben möchte?«

»Im Schrank ist ein zweites Bett, das kann man ausklappen«, erklärte Randy. »Aber zuerst pack mal aus.«

Turbo grinste. »Du willst das Schwert sehen?«

»So ist es.«

Turbo stand auf und kippte den Koffer, damit der Deckel oben lag. Er holte aus seiner Geldbörse einen kleinen Schlüssel und öffnete die beiden Schlösser.

Randy war näher getreten. Turbo machte es spannend, denn er klappte den Deckel nur langsam hoch.

»Nun mach schon.«

»Da, bitte.« Turbo schaufelte die Unterwäsche mit beiden Händen zur Seite. Darunter kam ein länglicher Behälter aus Holz zum Vorschein, der an einen Geigenkasten erinnerte.

»Ist es das?«

»Ja.« Turbo suchte nach dem Griff, packte ihn und zog den Kasten hervor. Er stellte ihn neben dem Koffer ab.

»Willst du ihn aufklappen, Randy?«

»Das ist doch dein Schwert.« Randy ging in die Hocke und strich über das Holz. »Mein lieber Mann, das sieht richtig kostbar aus.«

»Ist es auch.«

»Und was ist es?«

»Palisander.«

»Hört sich teuer an.« Randy kam wieder hoch.

Turbo kniete sich jetzt auf den Boden. Das Gehäuse war ziemlich flach. Das Schloss befand sich in der Mitte. Dafür hatte der Junge aus Japan noch einen Extraschlüssel. Den hatte er an einer kleinen Kette um den Hals hängen. Er zog ihn vorsichtig hervor und streifte die Kette über den Kopf.

Randy war zur Seite getreten. Er beobachtete nur. Nichts lenkte die beiden Jungen ab. Sie hörten nur mehr ihren eigenen Atem, dann erklang ein leises Klacken, das Schloss war offen, und Turbo klappte den Deckel in die Höhe.

»Da ist es«, sagte er. In seiner Stimme schwang eine gehörige Portion Stolz mit.

Randy trat wieder heran.

Der Holzkasten war innen mit dunkelblauem Samt ausgeschlagen. In der unteren Schale bildete der Samt ein schmales Bett, in dem die kostbare Waffe lag.

Randy sagte nichts. Er konnte nur staunen, als er das Schwert endlich sah.

»Nun?«

»Voll krass!« Randy strich sich die Haare zurück. »Da fehlen einem ja die Worte. So etwas habe ich noch nie gesehen. Ehrlich nicht.«

»Es ist auch einmalig.«

»Und es gehört dir?«

»Nicht mir. Meiner Familie. Es ist sehr alt und wirklich kostbar.« Turbo nahm das Schwert jetzt aus dem Samtbett. Sehr behutsam fasste er zunächst den Griff an, kantete die Waffe etwas und legte danach die andere Hand flach unter die Klinge.

So hob er die Waffe an, und Randy trat rasch zur Seite, als er sah, dass Turbo sie auf das Bett legen wollte.

Turbo lächelte, als er seinem Freund zunickte. »Du kannst es dir ansehen. Tritt ruhig näher, es beißt nicht.«

»Ich ... ich ... weiß nicht.« Er hob die Schulter. »So etwas habe ich noch nicht einmal im Museum gesehen.«

»Schau es dir an. Nimm es. Du wirst begeistert sein.«

Randy kniete sich vor das Bett. Das Schwert war ziemlich schmal. Jedenfalls hatte es keine so breite Klinge wie die Waffen, die Randy aus Filmen wie »Der Herr der Ringe« kannte. Zudem bestand sie aus einem Stahl, der bläulich schimmerte, und der Griff war ebenso breit wie die Klinge. Zur Hand hin hatte er einen Schutz.

Randy suchte nach eingravierten Zeichen, konnte aber keine entdecken. Die Klinge war blank wie ein Rasiermesser.

Turbo hatte ihm erlaubt, das Schwert anzufassen. Das tat er jetzt. Er griff ebenfalls sehr vorsichtig zu, wollte auf keinen Fall etwas verkehrt machen und strich mit der Fingerkuppe an der Seite entlang.

Fast hätte er sich geschnitten, denn das japanische Schwert war auch an den Seiten scharf. Derjenige, der es einst hergestellt hatte, musste ein Meister seines Fachs gewesen sein.

Mit der rechten Hand umklammerte Randy den Griff. Er holte noch einmal tief Luft, bevor er die Waffe hochstemmte und sich wunderte, wie schwer sie war.

So nahm er auch die zweite Hand zur Hilfe, schwang die Klinge herum und hob sie so weit an, dass er sie wie eine Kerze in den Händen halten konnte und die Spitze der Klinge gegen die Decke wies. Er kam sich vor wie ein Jedi-Ritter.

»An was denkst du jetzt, Turbo?«

»Meine Eltern. Sie haben es lange gehütet. Jetzt mussten sie fliehen. Ich weiß nicht, ob sie noch leben.«

Randy spürte eine Gänsehaut auf seinem Rücken. Er konnte Turbo gut verstehen. Auch sein Vater war sehr oft unterwegs. Er und die Mutter bangten jedes Mal, dass er von seinen beruflichen Reisen gesund nach Hause kam. »Das wird schon werden.«

»Ich hoffe es.«

Randy wurde das Schwert allmählich zu schwer. Er drehte sich und senkte die Klinge wieder dem Bett entgegen, auf dem er die Waffe niederlegte.

»Kannst du jetzt verstehen, warum es mir so schwer fällt, das Schwert wegzugeben?«, fragte Turbo.

»Ja, das kann ich.«

»In dieser Nacht muss ich es hergeben.« Turbo schüttelte den Kopf. »Das hätte ich nie gedacht. Ich habe angenommen, hier bei dir sicher zu sein. Aber mein Vater hat mich gewarnt. Er hat mal gesagt, dass sie überall ihre Leute haben. Die Familie Yamuto ist mächtig. Die können Menschen zerquetschen, sagt man.«

»Wenn sie das Schwert haben, ist dann alles vorbei?«, fragte Randy.

»Was meinst du damit?«

Randy setzte sich auf einen Stuhl. »Hast du dann deine Ruhe und würden deine Eltern wieder zurückkehren, wenn sie alles wüssten?«

»Die Frage ist schwer zu beantworten. Wir sind keine Deutschen, weißt du. Bei uns gibt es noch Traditionen.« Turbo sah Randys Nicken und fuhr fort: »Mein Vater würde es mir, so glaube ich, wohl nie verzeihen, wenn ich das Schwert freiwillig weggebe.«

»Auch nicht, wenn du damit nur dein Leben rettest?«

Turbo antwortete nicht, sondern wollte von Randy wissen: »Wie würdest du an meiner Stelle handeln?«

Randy warf einen Blick auf die Kinoplakate an der Wand, die seinen Lieblings-Actionhelden zeigten. »Das kann ich dir nicht sagen.«

»Du bist mein Freund und musst ehrlich sein.«

»Wie groß ist deine Angst? Ich meine die Angst vor diesen Gangstern und der Familie Yamuto?«

»Was soll ich sagen, Randy? Mir fehlen einfach die richtigen Worte.« Turbo deutete auf seine Brust. »Hier drinnen, weißt du, da sitzt es wie ein Kloß. Als ich Tokio verließ, war das wie eine Flucht. Jetzt bin ich hier, und der Druck hält an.«

»Verstehe ich. Es geht ja auch um deine Eltern.«

»Sicher.«

Randy stand mit einem Ruck auf und ging zum Fenster. Er schaute in den Garten. Weit im Hintergrund sah er das graue Band des Rheins. »Eigentlich war es verantwortungslos von deinen Eltern, dir das Schwert zu überlassen und selbst zu flüchten.«

»Unserer Familie gehört nun mal das Schwert. Die anderen sind gemeine Diebe.«

Randy drehte sich um. Er sprach in den Raum hinein. »Okay, Turbo, ich muss dir glauben.«

»Noch einmal, Randy: Wie würdest du an meiner Stelle handeln, wenn du das Schwert hättest?«

»Ist es denn sicher, dass du deine Eltern wiedersiehst, wenn du den Kerlen das Schwert überlässt?«

»Nein!«

»Dann ist das Schwert also der einzige Trumpf, den wir haben?«

»Richtig.«

»Du machst mir die Entscheidung verflixt schwer. Die können uns immer reinlegen …« Randy begann, im Zimmer auf- und abzuwandern. Plötzlich blieb er stehen, schlug seine rechte Faust in die linke Handfläche und nickte Turbo zu. »Auch wenn du mich jetzt für einen hartherzigen Burschen hältst: Ich würde ihnen das Schwert ohne Garantien nicht geben. Ich würde es behalten, Turbo. Das ist meine Meinung.«

Der fünfzehnjährige Japaner sagte zunächst einmal nichts. In seinem Gesicht rührte sich kein Muskel. Es wirkte wie geschnitzt.

»Schlimm, nicht?«

Turbo schüttelte den Kopf. »Nein«, flüsterte er. »Das ist es überhaupt nicht. Ich bin zu einem ähnlichen Entschluss gekommen. Ich wollte nur, dass du deine Meinung sagst.«

»Okay, die kennst du jetzt. Die Entscheidung aber liegt bei dir.«

Turbo nahm das Schwert hoch. Er hielt es wie einen kostbaren Schatz. »Nein«, sagte er leise. »Nein, ich gebe es nicht her. Ich werde es behalten.«

»Denk aber an den Zettel, auf dem uns die Kerle ihr Ultimatum gesetzt haben.«

»Was meinst du damit?«

»Ist doch klar. Wenn wir nicht kommen, gibt es Zoff. Wenn wir ohne Schwert kommen, ebenfalls.«

»Wir müssen uns was einfallen lassen.«

»Das ist leichter gesagt als getan.«

»Hast du keine Idee?«

»So schnell nicht.«

Turbo legte das Schwert wieder in den Kasten, klappte ihn aber nicht zu. »Ob wir Alfred fragen sollten?«

»Nein, den lassen wir erst mal aus dem Spiel. Alfred ist zwar ein dufter Kerl, aber er würde gleich meiner Mutter Bescheid sagen.«

»Ihr habt doch auch eine Polizei.«

»Klar haben wir die. Sogar eine gute. Ein Bekannter meiner Eltern ist bei der Kripo. Kommissar Hartmann. Aber der würde uns auslachen, wenn wir zu ihm kämen. Was haben wir denn in der Hand? Gar nichts. Ein Schwert, einen Verdacht, einen zerstochenen Reifen, einen Pfeil, die Warnung oder Drohung, aber nichts, das ein Eingreifen der Polizei rechtfertigen würde.«

»Dann bleibt es bei uns hängen.«

»Sehr richtig.«

»Zum Glück haben wir noch Zeit.«

Randy schaute auf die Uhr. »Ja, bis Mitternacht. Aber Mutter wird gleich zum Essen rufen, und dann ...«

Frau Ritter rief nicht, sie klopfte an die Tür. »Kann ich zu euch kommen?«

»Klar doch.« Randy legte einen Finger auf die Lippen. Turbo nickte, er hatte verstanden. Bevor Marion Ritter das Zimmer betrat, klappte er noch schnell den Schwertkasten zu und schob ihn unter das Bett.

»Ach nein, die beiden Herren. Wie ich es mir gedacht habe. Niemand hat einen Koffer ausgepackt.«

»Das wollten wir noch machen, Mum. Wir haben uns eben verquatscht.«

»Klar, wie die Mädchen. Wie ist das mit Turbo? Möchte er hier bei dir schlafen, oder soll ich ihm ein Gästezimmer herrichten?«

»Nein, ich schlafe bei Randy«, sagte der junge Japaner schnell.

»Dann wirst du das zweite Bett aus dem Schrank kippen müssen. In einer Viertelstunde können wir übrigens zu Abend essen. Wir sind heute Abend nur zu dritt.«

»Wo ist denn Alfred?«

»Er wollte in die Stadt.«

»Hat der es gut.«

»Da könnt ihr ja morgen hinfahren.« Marion Ritter war schon an der Tür, erinnerte die beiden noch einmal an die Zeit und verließ den Raum.

»Das war knapp«, sagte Randy. »Wenn sie das Schwert gesehen hätte ... Ach je, die Fragen wären nur so auf uns hereingeprasselt.«

»Aber eine Lösung hast du noch immer nicht?«, fragte Turbo.

»Fast.«

»Wie war das?«

»Mir ist da etwas eingefallen.« Randy setzte sich auf die Bettkante. »Lass mich noch zwei Minuten nachdenken, dann wirst du den Sherlock Holmes vom Rhein erleben.«

»Gut. Ich bin geduldig.«

Randy dachte angestrengt nach und bewegte seine Finger im Takt einer Melodie, die nur er hörte. Es dauerte keine zwei Minuten, dann starrte er Turbo an und stieß hervor: »Junge, das ist es. Das ist unsere Chance.«

»Red schon.«

»Wir treffen uns mit denen.«

»Dafür hast du so lange überlegt?«

»Lass mich doch ausreden. Wir gehen hin und nehmen auch das Schwert mit.«

Turbo wollte wieder protestieren, doch Randy brachte ihn mit erhobener Hand zum Schweigen. »Nein, es wird nicht das Schwert sein, das sie haben sollen. Wir tauschen es einfach aus.«

»Wie?«

»Wir legen ein anderes hinein.«

»Hast du denn eins?«

»Klar, aus meiner Kinderzeit. Da haben wir Ritter gespielt. Mein Vater hat mir mal ein Holzschwert gebastelt. Es hat zwar nicht die gleiche Länge und ist auch viel leichter, aber wir packen es in den komischen Holzkasten, und hinzu legen wir noch ein paar Steine, damit das Ding schwerer wird.« Er grinste Turbo an. »Du, die legen wir rein, dass ihnen die Tränen in die Augen steigen.«

»Ich glaube, du hast vergessen, wie gefährlich sie sind. Wenn die merken, dass wir sie getäuscht haben, sind wir unseres Lebens nicht mehr sicher.«

»Das wollen wir erst noch sehen. So leicht lasse ich mich auch nicht einmachen.«

»Es ist riskant.«

»Stimmt. Aber wenn sie danach zurückkommen, alarmiere ich Kommissar Hartmann.«

»Und du meinst, das klappt mit dem Kommissar?«

»Sicher.« Randy ging schon zur Tür, wurde aber durch Turbos Ruf aufgehalten.

»Mal ehrlich, hast du dabei keine Angst?«
»Doch, schon ein wenig.«
»Dann bin ich beruhigt. Ich nämlich auch.«
Sie lachten, aber es klang nicht unbedingt fröhlich.

Die Küche war geräumig, viereckig angelegt und hatte zwei Fenster. An den Seiten hingen bunte Stoffgardinen.
»Setzt euch auf die Bank. Ich bin gleich soweit.«
»Können wir dir noch helfen, Mum?«
»Nein. Später vielleicht. Ich habe Tee gekocht. Ist das recht?«
Turbo und Randy nickten synchron. Eigentlich hätten sie Hunger kriegen müssen bei den Dingen, die auf dem Tisch standen: verschiedene Wurstsorten, Käse, Brot und natürlich der herrliche Kartoffelsalat, den Marion Ritter noch mit durchgeschnittenen Tomaten und hart gekochten Eiern dekoriert hatte.
»Greift zu. Die Würstchen sind auch gleich heiß.«
»Was sind Würstchen?«, fragte Turbo.
»Leckere … na ja, sie schmecken. Besonders mit Affenkacke. Kennst du das?«
»Randy, ich bitte dich!«, wurde der Junge von seiner Mutter ermahnt.
»Das ist mein Spezialausdruck.« Randy grinste unschuldig. »Ich sage eben Affen…«
»Randy!«
»Es ist Senf.«
Marion Ritter stellte den Teller mit den heißen Würstchen auf den Tisch. Insgesamt sechs duftende …
»Hotdogs!«, rief Turbo. »Jetzt weiß ich, was man unter Würstchen versteht.«
»Die magst du hoffentlich?«
»Sicher, Frau Ritter. Die gehören zu meinen Lieblingsspeisen. Sie glauben gar nicht, wie westlich orientiert Tokio ist. Da können Sie alles kaufen, auch Hotdogs.«

»Dann bin ich ja zufrieden, wenn ich euch satt bekomme.« Marion Ritter setzte sich zwischen die beiden Jungen und ließ sich von ihrem Sohn Tee einschenken.

Was Turbo verputzte, war schon phänomenal. Er aß vier Würstchen, trank mehrere Tassen Tee und probierte natürlich den herrlichen Kartoffelsalat.

Randy aß nicht einmal die Hälfte. Das merkte seine Mutter natürlich. »Was ist mit dir?«

Er hob die Schultern. »Ich habe keinen Appetit.«

»Wieso nicht?«

»Vielleicht ist es die Aufregung.«

Marion Ritter runzelte die Stirn. Sie schaute ihren Sohn skeptisch an. Er hatte sie mit seiner Erklärung nicht überzeugen können. »Dann müsstest du eigentlich auch früh zu Bett.«

»Dagegen habe ich nichts.«

»Das ist ja ein Ding.« Frau Ritter bekam große Augen. »Du gehst freiwillig und ohne zu murren zeitig zu Bett? Das muss ich im Kalender anstreichen.«

Turbo schlug in die gleiche Kerbe: »Ich bin ebenfalls müde. Der lange Flug war anstrengend. Außerdem muss ich noch mit der anderen Zeit zurechtkommen.«

»Bei dir kann ich das verstehen.«

Randy griff zur Teekanne und füllte seine Tasse. »Wir wollten gleich schon nach oben.«

»Die Koffer sind schon ausgepackt?«

»Ist erledigt.«

»Mir ist es recht. Dann will ich eurem Schlafdrang nicht im Wege stehen. Ich räume hier allein ab.«

»Gute Nacht, Frau Ritter«, sagte Turbo. »Es hat alles sehr gut geschmeckt.«

»Das habe ich gesehen.« Sie wandte sich an ihren Sohn. »Soll ich noch zu euch hochkommen?«

»Nein, Mum, wir kommen allein zurecht.«

Die beiden hatten es eilig, wieder aufs Zimmer zu kommen. »Hat sie wirklich nichts bemerkt?«, fragte Turbo.

»Das glaube ich nicht.«

»Wäre mir peinlich.«

»Erklärungen können wir später immer noch abgeben.« Randy drückte die Tür auf. Im Zimmer öffnete er den Schrank. Auf einer Stange hingen die Bügel mit seinen Kleidungsstücken: Hemden, Jeans und einige Jacken.

Darunter, auf dem Schrankboden, lag Spielzeug. »Ich wollte es mal auf dem Flohmarkt verkaufen, deshalb liegt es hier.«

Turbo wusste nicht, was ein Flohmarkt war, und sein Freund erklärte es ihm, während er weitersuchte, bis er plötzlich laut aufjubelte. »Ich habe es gefunden!«

Randy kam hoch und drehte sich um. Das Holzschwert hielt er in der Rechten. »Na, was sagst du?«

»Sieht komisch aus.«

Das Schwert war nicht so lang wie die richtige Klinge. Zudem hatte es einen bronzefarbenen Anstrich. Bis auf den Griff, denn der war mit schwarzer Farbe bemalt.

Turbo holte den Holzkasten unter dem Bett hervor, klappte ihn auf und nahm die Waffe heraus. »Wohin damit?«

»Unter das Bett.«

»Okay.« Die wertvolle Klinge verschwand darunter.

»Ich muss mein Zimmer selbst sauber halten. Meine Mutter kontrolliert nur hin und wieder. Das dauert etwas, bis sie hier wieder den Feldwebel spielt.«

Sie mussten beide grinsen, nachdem sie das Schwert in den Holzkasten gelegt hatten. »Sollen wir überhaupt noch Steine hineinlegen?«, fragte Turbo.

»Klar. Die finden wir unten am Rhein.« Randy überreichte Turbo den Kasten. »Alles paletti?«

»Heißt das so viel wie okay?«

»So ungefähr.«

»Wegen mir ja.«

»Dann wollen wir warten, bis es dunkel ist.«

»Und deine Mutter?«

Randy winkte ab. »Wie ich die kenne, hockt die im Wohnzimmer vor der Blödglotze. Wir schleichen uns raus.«

Turbo nickte. »Hoffentlich geht alles gut ...«

Treffen um Mitternacht

Es war genau eine Stunde vor der gesetzten Frist, als sich die zwei Jungen auf den Weg machten. Sie verließen das Zimmer und schlichen über die große Treppe nach unten.

In dem schlossähnlichen Gebäude war es auch während der Nacht nie völlig dunkel. Marion Ritter ließ stets einige Lampen brennen, dann fühlte sie sich sicherer, wie sie sagte.

Als die beiden den Lichtschein durchquerten, warfen ihre Körper lange Schatten. Diese krochen mit den Jungen lautlos die Treppe hinab. Zum Glück lag ein Teppich auf den Stufen. Er dämpfte die Schritte, so dass sie kaum noch zu vernehmen waren.

In der Halle blieben sie stehen. Turbo trug den Schwertkasten. Er schwitzte und fuhr mit dem Handrücken über seine Stirn. Dann deutete er auf die Eingangstür.

Randy schüttelte den Kopf und hauchte: »Hintertür.«

Turbo hielt sich sehr dicht hinter seinem Freund. Sie trugen Taschenlampen bei sich, verzichteten jedoch darauf, sie einzuschalten. Randy fand sich auch im Dunkeln zurecht.

Marion Ritter ließ sich nicht blicken. Sie war aber noch nicht zu Bett gegangen. Aus dem großen Wohnraum hörten die Jungen Geräusche. Dort lief der Fernseher.

Endlich erreichten sie die Hintertür. Randy hielt den schmalen Schlüssel schon in der Hand. So behutsam wie möglich führte er ihn ins Schloss, drehte den Schlüssel zweimal herum, dann war die Tür offen. Vorsichtig drückte er die Klinke. Beide hielten den Atem an, als Randy die Tür aufstieß.

Das Knarren der Angeln hörte sich unangenehm an und klang furchtbar laut in der Stille. Leider war es nicht zu vermeiden. Randy öffnete die Tür nur so weit, bis der Spalt breit genug war, um sie durchschlüpfen zu lassen.

Es hatte sich abgekühlt. Die kalte Luft streifte ihre Gesichter wie ein kühler Hauch. Turbo war einige Schritte vorgegangen, während sein Freund die Tür wieder schloss. Randy huschte auf Turbo zu.

»So, jetzt geht es mir besser. Meine Mutter hat nämlich Ohren wie ein Luchs. Die hört viel zu gut.«

»Reicht eigentlich die Zeit noch?«, fragte Turbo, der auch hier draußen noch flüsterte.

»Klar, das packen wir immer.«

»Hast du Angst?«

»Komisch ist mir schon.«

»Mir auch.«

»Komm jetzt.« Randy stieß seinen Freund an. »Zu viel Zeit haben wir auch nicht.«

Sie hielten sich dicht an der Hauswand, weil sie dort die beste Deckung hatten. Weit über dem Dach des schlossartigen Hauses lag der dunkle Nachthimmel. Er war wolkenverhangen. Weder Mond noch Sterne zeigten sich. Diese Nacht gehörte zu den finsteren.

Randy fand den schmalen Pfad mit traumwandlerischer Sicherheit. Obwohl sie die Dunkelheit schützte, bewegten sie sich nicht aufrecht. Die beiden gingen geduckt und schlichen wie die Diebe.

Die Taschenlampe brauchte Randy nicht einzuschalten. Er fand sich auch weiterhin gut zurecht. Im Gegensatz zum Tage wirkte die Gegend einsam, verlassen und auch unheimlich, wie Turbo meinte. Dünne Nebelschwaden krochen vom Fluss lautlos heran und legten sich wie grauweiße Leichentücher über den Boden.

Sie waberten auch um die Beine der Jungen, stiegen aber nie höher als bis zu deren Hüften.

»Was ist, wenn die Sache schief geht?«, fragte Turbo flüsternd.

»Ich habe mein Handy dabei«, antwortete Randy. »Damit kann ich schnell Hilfe rufen.«

Turbo schaute ihn verständnislos von der Seite her an. »Ein Handy? Was ist das?«

Zuerst verstand Randy die Frage nicht, dann kapierte er: Obwohl der Begriff englisch klang, wurden mobile Funktelefone nur in den deutschsprachigen Ländern »Handy« genannt. »So sagen wir in Deutschland zu einem Mobiltelefon«, erklärte er seinem japanischen Freund.

»Ach so.«

»Du hast doch sicher auch eins.«

»Nein, mir gehen diese ewig piependen und quäkenden Quälgeister auf den Keks«, behauptete Turbo.

Randy staunte nicht schlecht. Er blieb stehen und starrte Turbo aus großen Augen an. »Ein Japaner ohne Handy?«, fragte er.

»Warum ist das so verwunderlich?«

»Na, hör mal! Japan ist die Industrienation schlechthin. Das Land des Fortschritts. Die meisten Handys werden von japanischen Firmen hergestellt.«

»Deshalb muss ich noch lange keins mit mir rumschleppen«, verteidigte sich Turbo, noch immer flüsternd.

Randy ließ es dabei bewenden, obwohl er diese Einstellung nicht nachvollziehen konnte. Aber es gab Wichtigeres, über das er sich den Kopf zerbrechen konnte, und so setzten sie ihren Weg fort.

Je mehr sie sich dem Fluss näherten, um so lauter wurde das Rauschen. Es war ein steter Gesang von geisterhaften Wesen, dazwischen das Klatschen der Wellen, die auf den flachen, mit Steinen übersäten Sandbänken ausliefen.

Auch die Trauerweide hatte in der Nacht ein fremdes Aussehen angenommen. Sie glich einem unheimlichen Monster, das sich gebückt hatte und seinen halbrunden Buckel in die Höhe reckte.

Die Trauerweide war auch das Ziel der Jungen, denn dort stand die Bank.

Sie schauten sich um, ob sie bereits erwartet wurden. Sie setzten ihre Schritte vorsichtig und schlichen über den Pfad.

Der Dunst war dichter geworden. An manchen Stellen hatte er sich zu Wolken verdichtet, die überall ihre Feuchtigkeit ablagerten, auch auf die Bäume und die alte Holzbank, die die beiden Jungen zwanzig Minuten vor der vereinbarten Zeit erreichten.

Turbo stellte den Schwertkasten auf die Bank. Er schüttelte sich und schaute zum Fluss.

»Was hast du?«, fragte Randy.

»Mir ist so komisch.«

»Angst?«

»Nicht direkt, aber der Nebel gibt auch diesen Kerlen Deckung. Ob sie schon da sind?«

»Glaube ich nicht.« Randy schaute zum Fluss. Sie hörten das Wasser gurgeln und schmatzen. Schiffe waren um diese Zeit kaum noch unterwegs.

»Sie können auch vom Rhein her kommen«, sagte Turbo.

»Ja, vielleicht.« Randy hatte sich auf die Bank gesetzt und blickte in die grauen Wolken, die vom Ufer her langsam und lautlos herbeitrieben. Wer Fantasie hatte, konnte darin auch Gestalten erkennen. Unheimliche Geisterwesen, verlorene Seelen, Monster, Abgesandte aus dem Reich der Toten.

Mittlerweile hatten sie sich an die Stille gewöhnt. Das Rauschen des Flusses hörten sie kaum noch, ihr Interesse galt den Geräuschen in der unmittelbaren Umgebung.

»Ich schaue mich mal um«, sagte Randy.

Turbo schluckte. »Bleib nur nicht zu lange weg.«

»Keine Sorge, ich behalte dich im Auge.« Er schaute auf seine Uhr. »Nicht mal mehr zehn Minuten, dann kommen sie.«

»Die kommen bestimmt vom Fluss her. Wahrscheinlich ankern sie und rudern zum Ufer.«

»Damit müssen wir rechnen. Also, ich drehe jetzt mal 'ne Runde.«

Turbo nickte. Er versuchte zu lächeln. Das misslang ihm. Es wurde nur ein freudloses Grinsen daraus.

Randy Ritter verschwand hinter der Trauerweide. Turbo vernahm noch für ein paar Sekunden seine Schritte, dann waren auch sie nicht mehr zu hören.

Die Einsamkeit umgab den auf der Bank hockenden Jungen. Er spürte eine Gänsehaut auf seinem Rücken, die im Nacken begann und hinunter bis zum letzten Wirbel lief.

Noch fünf Minuten.

In Turbos Kehle wurde es eng. Er konnte nicht mehr sitzen bleiben, da er das Gefühl hatte, Ameisen in den Beinen zu haben. Deshalb stand er auf. Seine Knie waren weich geworden, und er wünschte sich weit weg. Überdies sah er von seinem Freund nicht einmal eine Haarspitze.

In seiner Kehle saß ein Kloß. Der Junge überlegte, was er tun würde, wenn die Gangster plötzlich vor ihm standen. Der Dunst war so dicht geworden, dass sie an die Bank ungesehen herankommen konnten und er sie erst entdecken würde, wenn sie direkt davor standen.

Er hörte Schritte!

Waren sie das?

Turbo drehte sich nach links, sah eine Gestalt und vernahm Randys leise Stimme. »Ich bin es nur.«

»Hast du sie gesehen?«

»Nein.« Randy kam näher. Er hatte Steine gesammelt. »Hier, die hätten wir fast vergessen.«

Turbo öffnete hastig den Schwertkasten. Die Jungen legten die Steine so hinein, dass sich ihr Gewicht gleichmäßig verteilte. Dann schlossen sie den Behälter wieder.

»Wie spät?«

Randy schaute auf die Uhr. »Noch eine Minute.«

»Sechzig Sekunden warten!«, flüsterte Turbo. Er wischte seine Handflächen an den Hosenbeinen ab. »Das zerrt an den Nerven. Jedenfalls bei mir. Und bei dir?«

»Ist es auch nicht anders.«

»Ich wäre ja froh, würden sie uns versetzen«, sagte der Freund aus Japan.

»Daran glaube ich nicht. Die haben einfach schon zu viel eingesetzt.«

Plötzlich sog Randy scharf die Luft ein.

»Was hast du?«

»Mitternacht, Turbo. Jetzt ist es genau Mitternacht. Geisterstunde.« Er lachte leise. »Und sie sind nicht da.«

»Doch«, sagte Turbo und deutete nach vorn, zum Wasser hin. »Da sind sie, verflixt.«

Sie waren selbst nicht zu sehen, aber ihre eingeschalteten Taschenlampen leuchteten und blendeten die beiden Jungen.

Randy und Turbo rührten sich nicht. Obwohl sie mit dem Auftauchen der Männer gerechnet hatten, waren sie doch geschockt, sie jetzt vor sich zu sehen.

Die beiden kamen langsam heran. Jetzt waren ihre Schritte zu hören, die über den weichen Boden schleiften. Wie gespensterhafte Wesen schälten sie sich aus dem Mischmasch von Dunst und Dunkelheit.

Die Jungen standen mit dem Rücken zur Bank, auf der auch der Schwertkasten lag. Ihre Kniekehlen berührten die vordere Kante der Sitzfläche. Sie spürten beide, dass ihnen der Kragen eng geworden war, und sie wagten nicht, sich zu rühren.

Es waren tatsächlich die beiden Japaner, das konnten sie endlich erkennen. Die Glatze des einen leuchtete wie eine Kugel. Er schwenkte seine Lampe und leuchtete Turbo direkt ins Gesicht. Der wurde geblendet und schloss die Augen.

»Da haben wir ja unseren kleinen Ausreißer.« Der Glatzkopf sprach den Satz in einem gebrochenen Deutsch.

Der Kerl im braunen Anzug blieb neben Randy stehen. Er betrachtete ihn aus kalten Augen, während sein Kumpan Turbos Arm umklammerte und ihn hart drückte.

Er redete auf Japanisch und schnell auf den Jungen ein. Randy verstand kein Wort, aber Turbo gab leise, verschüchtert klingende Antworten. Dann meldete sich der zweite.

Er sprach Deutsch. »Ist das Schwert in dem Kasten?«

Weder Randy noch Turbo gaben eine Antwort.

»Dich meine ich!«

Randy war angesprochen worden, und er nickte.

»Okay! Kway!«

Der Glatzkopf reagierte sehr schnell. Er ließ Turbo los und zog eine Pistole. Er richtete die Mündung direkt auf die Brust des Jungen.

»Das war nicht abgemacht!«, sagte Randy. Er spürte, wie er bleich wurde, weil ihm das Blut aus dem Gesicht wich. Auch das Zittern in den Knien hatte sich verstärkt.

»Tritt zur Seite!«, befahl der Mann im braunen Anzug. Er hatte nasse Schuhe und Hosenbeine. Beim Aussteigen mussten ihn die Uferwellen erwischt haben.

Randy ahnte, was kam. Er verließ seinen Platz mit zitternden Knien und schaute zu, wie sich der Mann bückte, um den Schwertkasten anzuheben.

Noch stand das Ganze auf der Kippe. Wenn die Kerle den Kasten nahmen und damit verschwanden, war alles okay. Wenn sie erst nachschauten, würde die Hölle los sein.

Turbo stand an der gegenüberliegenden Bankseite. Schräg hinter ihm hatte sich der Glatzkopf aufgebaut und hielt die Pistole auf den Jungen gerichtet. Er sagte irgendetwas zu seinem Kumpan, das außer diesem auch Turbo verstand.

Der Junge aus Japan schrak zusammen.

Randy brauchte nicht lange nachzudenken. Er wusste, was folgen würde.

Und er hatte sich nicht geirrt. Der Japaner im braunen Anzug wollte den Holzkasten öffnen. Noch hatten sie eine Galgenfrist, weil er den Mechanismus nicht sofort fand.

Randy hätte verschwinden können, doch er wollte Turbo nicht im Stich lassen. Zudem war die Idee mit dem Austausch von ihm gekommen.

Endlich hatte es Shuyo geschafft. Der Deckel klappte hoch. Randy wollte nicht hinschauen, doch er konnte nicht anders. Er musste diesen Mann ansehen.

Der Japaner sagte nichts. Er stand da und starrte auf den Inhalt. Unbeweglich wie ein Denkmal. Was er dachte, war ihm nicht anzusehen. Dann wandte er sein Gesicht dem Glatzkopf zu.

Nur wenige Worte sprach der Mann, da gab der andere einen ächzenden Laut von sich. Turbo duckte sich, doch er wurde nicht geschlagen, wie er eigentlich erwartet hatte. Shuyo sah Randy an. »Hast du mir nichts zu sagen?«, fragte er leise.

»Nein!«

»Wo ist das Schwert?«

»Vor Ihnen.«

»Es ist das falsche, das weißt du genau!«

»Gar nichts weiß ich.«

Shuyo nahm das Holzschwert hervor, schaute es sich kurz an, hob ein Bein und zerbrach das Spielzeug über dem Knie. Er schleuderte die beiden Teile weg und dann die Steine hinterher. »Wenn ihr denkt, uns reinlegen zu können, habt ihr euch geschnitten. Wir sind die Stärkeren. Wo ist das Schwert?«

»Ich habe es nicht.«

»Willst du, dass dein Freund erschossen wird?«

Randy konnte kaum sprechen. Der Kloß in seinem Hals hatte sich noch weiter vergrößert. Er hatte sogar Mühe, Luft zu holen. »Nein, das will ich nicht.«

»Dann her mit dem Schwert!«

»Es ist nicht hier.«

»Aber du kannst es holen – oder?«

»Was ist mit meinem Freund?«

»Den nehmen wir mit. Es liegt an dir, was mit ihm geschieht.«

Randy erschrak. Er wollte sich beherrschen, doch das schaffte er nicht. Der Kerl im braunen Anzug erkannte genau, wie es in ihm aussah. »Ja, wir werden ihn mitnehmen und ihn erst dann wieder freilassen, wenn du uns das echte Schwert übergeben hast. So lautet das Geschäft, mein Junge.«

»Wo bringen Sie ihn hin?« Randy erkannte seine Stimme kaum wieder, als er die Frage stellte.

»Das hat dich nicht zu interessieren. Jedenfalls ist er bei uns gut aufgehoben.«

»Wann treffen wir uns?«

Shuyo lachte kalt. »Wir werden dir früh genug Bescheid geben, wann und wo du ihn abholen kannst.«

Randy sah zu Turbo hinüber, auf den noch immer die Waffe gerichtet war. Rühren konnte er sich nicht. Dieser Glatzkopf hinter ihm verstand bestimmt keinen Spaß.

»Mach es, Randy, mach es.«

Shuyo lachte rau. »Es wird ihm auch nichts anderes übrig bleiben, als unseren Befehlen Folge zu leisten.«

Der Glatzkopf stieß Turbo die Mündung gegen die Schulter. Der Junge verstand das Zeichen. Er setzte sich mit stolpernden Schritten in Bewegung. Er ging geduckt. Noch einen letzten Blick warf er Randy zu. Es war ein trauriger Abschied.

Auch der Japaner im braunen Anzug zog sich zurück. Beim Gehen behielt er Randy im Auge und sagte noch: »Warte auf unseren Anruf, Junge. Noch einmal so ein Trick, und du kannst deinen Freund aus dem Wasser fischen.«

Der Nebel schluckte die drei Personen. Sie verschwanden im Dunst, als hätte man sie aus der Landschaft radiert.

Zurück blieb Randy Ritter. Allein. Er wäre am liebsten im Boden versunken. Er wünschte, dies alles nur zu träumen, aber es war kein Traum. Er brauchte nur einen Blick auf den leeren Schwertkasten zu werfen, um die harte Wahrheit zu erkennen.

Was sollte er tun?

Eigentlich wäre es am besten gewesen, zurückzulaufen, sich ins Bett zu legen und auf eine Nachricht dieser Leute zu warten. Aber was sollte er seiner Mutter sagen, wenn er am Morgen ohne Turbo am Frühstückstisch erschien? Sie würde die Polizei alarmieren, und dann wäre das Leben seines Freundes in höchster Gefahr.

Das wäre es auch, wenn er jetzt sein Handy benutzte, um damit Hilfe zu rufen, wie er es Turbo eigentlich angekündigt hatte. Nein, auch das ließ er lieber bleiben.

Es gab allerdings noch eine andere Möglichkeit. Das war zwar eine hauchdünne Chance, aber wenn er es richtig anpackte, konnte es klappen.

Randy nickte entschlossen. Das Risiko war enorm, doch er wollte es einfach versuchen. Er zog sich die Jacke aus, auch die Armbanduhr und dann sogar die Schuhe. Das alles legte er auf die Bank.

Wenig später verschluckte der Nebel auch seine Gestalt. Doch Randy lief nicht zum Haus zurück.

Er folgte Turbo und seinen beiden Entführern zum Wasser hin …

In letzter Sekunde

Auch Turbo kam es vor, als würde er einen bösen Traum erleben. Hinter seiner Stirn überschlugen sich die Gedanken.

Während er vor den beiden Männern her stolperte, dachte er auch an seine Eltern. Sie hatten ihm das Schwert übergeben. Es war das Erbe seiner Ahnen, eine gewaltige Last und Bürde, eigentlich zu groß für einen fünfzehnjährigen Jungen. Doch in Japan dachte man anders über Familie und Traditionen.

Turbo hatte sich nicht weigern können, er hatte gehorchen müssen.

Die beiden Männer ließen ihn keinen Moment aus den Augen. Den Glatzkopf sah Turbo nicht, weil der sich hinter ihm befand. Aber er hielt eine Waffe in der Hand, und die war auf den Rücken des Jungen gerichtet.

Der Weg führte hinunter zum Rhein. Sicherlich waren die Japaner mit einem Boot gekommen.

In Flussnähe wurde der Boden wieder steinig. Die Ablagerungen waren nie gleich groß. Hin und wieder bildeten sie regelrechte Stolperfallen. Turbo musste die Füße anheben. Er hatte die Hände halb erhoben.

Shuyo hielt sich an seiner Seite. Auch er redete nicht. Die Blicke aber, mit denen er den Jungen bedachte, sprachen Bände.

Am Ufer erkannte Turbo einen länglichen Schatten, der in den auslaufenden Wellen mit dem Kiel über Steine und Sand schrammte. Es war ein einfacher Holzkahn mit zwei Ruderstangen.

»Kannst du rudern?«, fragte Shuyo. Er redete mit Turbo in ihrer Heimatsprache.

»Ja.«

»Dann wirst du uns zum Schiff bringen.«

Neben dem Kahn blieben sie stehen. Der Glatzkopf hielt noch immer die Waffe auf Turbo gerichtet. Die Mündung wies auf dessen Nacken, als sich der Junge bückte.

»Schieb das Boot ins Wasser!«

Turbo blieb nichts anderes übrig, als dem Befehl nachzukommen. Er drückte das Boot am Heck nach vorne. Als der Kiel über den Boden rutschte, bekam Toshikiara eine Gänsehaut. Der Junge fühlte sich allein gelassen, einsam und verloren. Er lauschte auf das Klatschen der Wellen, die schon bald seine Schuhe umspülten. Wenig später schaukelte der Kahn auf den Wellen.

Turbo musste einsteigen.

Kway blieb noch am Ufer stehen, hielt aber seinen rechten Arm ausgestreckt und zielte auf den Jungen, der sich jetzt auf der Sitzbank niederließ und nach den Ruderstangen griff.

Als Erster folgte ihm Shuyo. Als er in das Boot stieg, schwankte es.

Dann kam Kway, noch immer die Pistole in der Hand. Beide ließen sich nieder und bedeuteten Turbo, auf den Fluss zu rudern. »Und nicht so langsam, mein Freund.«

Die Ruderblätter kratzten beim ersten Eintauchen noch über den Grund. Wellen wollten das Boot wieder zurückwerfen, doch Turbo war ein kräftiger Bursche und ruderte dagegen an, der Flussmitte entgegen.

Hinter ihm musste irgendwo die Yacht der beiden Männer liegen. Wenn er sich erst an Bord befand, war eine Flucht so gut wie unmöglich. Aber auch jetzt würde er diesen Männern aus eigener Kraft kaum entkommen können.

Wieder zog er die Ruder durch. Er pullte wie ein erfahrener Ruderer, kam auch voran, doch beim vierten Schlag merkte er den Widerstand am linken Blatt.

Die beiden erwachsenen Japaner wurden ebenfalls aufmerksam.

»Was ist los?«, fragte Kway.

»Ich hänge fest.«

Der Glatzkopf warf ihm einen scharfen Blick zu. Er schien Turbo nicht zu glauben, doch dieser machte ein so harmloses Gesicht, dass Kway sich bequemte, nachzuschauen.

Er drückte sich von der Sitzbank hoch und näherte sich im schaukelnden Boot im Entengang der Stelle, wo das Ruder klemmte. Das Blatt steckte im gurgelnden Flusswasser. Kway musste sich schon tiefer bücken, um etwas erkennen zu können.

Er tat es.

Im gleichen Augenblick schoss etwas aus dem Wasser. Zwei lange Gegenstände, die sich zu einer Klammer formten und den Nacken des Japaners umschlangen.

Kway schrie vor Überraschung auf. Er kam nicht dazu, seine Waffe einzusetzen. Kopfüber klatschte er in das kalte Flusswasser, und gleichzeitig hörte Turbo die Stimme seines deutschen Freundes.

»Übernimm du den anderen Kerl!«

Im Gegensatz zu Shuyo hatte Turbo seine Überraschung bereits überwunden. Er warf sich vor. Was im Wasser geschah, bekam er nicht mit.

Bei seinem Sprung schwankte das Boot sehr heftig, doch er hatte das Glück des Tüchtigen und flog Shuyo entgegen, mit den Fäusten voran, die er gegen die Brust des Gangsters rammte.

Der Japaner im braunen Anzug kippte nach hinten. Er landete auf dem Rücken, schleuderte seine Beine in die Höhe, und die Schuhe streiften dabei noch Turbos Schultern.

Der packte den Kerl, hebelte ihn hoch und warf ihn einen Moment später über Bord. Er freute sich, als er das Klatschen hörte, vernahm auch wilde Flüche und sah seinen Freund Randy winken.

Randy befand sich im Fluss.

»Spring!«, schrie er.

Am Heck kletterte Kway bereits wieder hoch. Turbo hechtete über ihn hinweg.

Das Rheinwasser war kalt, fast schon eisig, und als Turbo hineintauchte, traf ihn der Schock. Er hatte zuvor noch eingeatmet, hielt jetzt die Luft an und tauchte unter. Kraftvoll bewegte er Arme und Beine. Er wollte aus der gefährlichen Nähe des Kahns und auch so lange wie möglich unter Wasser bleiben.

Die Strömung erwischte ihn, packte ihn, zerrte ihn zur Flussmitte hin. Turbo kämpfte wild dagegen an und erreichte schließlich die Oberfläche.

Als sein Kopf die Wasseroberfläche durchstieß, riss er sofort den Mund auf, atmete tief ein, schleuderte Wasser aus dem Haar, öffnete weit die Augen, schaute sich um und sah seinen Freund Randy. Er schwamm sogar dicht neben ihm.

»Zum Ufer, Turbo!«

Das brauchte Randy nicht zweimal zu sagen. So rasch wie möglich kraulte Turbo dem Land entgegen.

Randy hielt sich an seiner Seite. Die Arme der Jungen arbeiteten wie Dreschflegel. Sie mussten alle Kraft einsetzen. Das Wasser hatte plötzlich unzählige Hände, die an ihnen zerrten und rissen. Die Strömung machte ihnen schwer zu schaffen. Sie war wie ein gieriger Moloch, der sie zurückziehen wollte.

Hinzu kam das Wissen um die beiden Japaner. Sie waren bewaffnet, aber glücklicherweise deckte der Nebel die mutigen Jungen. So lagen die Trefferchancen der Männer nicht sehr hoch.

Es dauerte nicht einmal lange, dann spürten Turbo und Randy Grund unter den Füßen. Sie stellten sich hin, wateten mit schwerfällig wirkenden Bewegungen weiter in das flachere Uferwasser, das ihnen schließlich nur noch bis zu den Knien reichte und sie endlich entließ.

Gemeinsam stolperten sie ins Trockene. Keuchend, frierend, und auch erschöpft. Sie stützten sich gegenseitig, weil ihre Beine einfach zu schwer waren.

Dann hatten sie die Bank erreicht. Sie konnten nicht mehr, mussten sich ausruhen und ließen sich zitternd auf die Sitzfläche fallen. Hier hatte Randy auch seine Schuhe und seine Jacke abgelegt, bevor er ins Wasser gestiegen war. In der Jacke steckten seine Armbanduhr und sein Handy. Beides hätte das Bad im Rhein bestimmt nicht unbeschadet überstanden.

»Danke!«, keuchte Turbo, während sich Randy die pitschnassen Strümpfe aus- und die Schuhe anzog. »Du hast mich gerettet … Danke.« Er beugte sich vor und wischte Wasser aus seinem Gesicht. Beide waren klatschnass.

»Unsinn, das war Glück.«

»Da gehört schon mehr dazu. Vor allem Mut.«

»Ich wollte eben nicht, dass du …« Randy konnte nicht mehr reden. Er musste niesen.

Dieses Geräusch wirkte auf ihn wie eine Initialzündung. Er schüttelte sich und sprang auf.

»Was hast du?«

»Wir müssen so rasch wie möglich ins Haus, aus den nassen Klamotten raus und unter eine heiße Dusche. Mann, wir holen uns sonst den Tod. Los, Turbo, Dauerlauf!«

»Und deine Mutter? Was sagen wir der?«

»Ich kann nur hoffen, dass sie inzwischen schläft und nichts mitkriegen wird.«

Turbo schnappte sich den Schwertkasten. Dann warf er noch einen Blick zurück zum Fluss. Noch immer wallte der Nebel. Weder von dem Kahn noch von den beiden Japanern war etwas zu sehen. Sie schienen ihre Suche und die Verfolgung aufgegeben zu haben.

Der Dauerlauf wurde zur Tortour. Beim Niesen wechselten sich die beiden Jungen gegenseitig ab.

Über der breiten Eingangstür brannte des Nachts immer eine Lampe. Sie kam den Jungen vor wie eine Insel der Hoffnung. Trotzdem liefen sie noch um das Haus herum und nahmen abermals den Hintereingang. Auf Zehenspitzen huschten sie in den Flur, blieben stehen und lauschten.

Im Haus war es still. Falls Alfred schon zurückgekehrt war, lag auch er im Bett. Jedenfalls hörten sie nichts von ihm.

Sie nickten sich zu. Dann schlichen sie die Treppe hoch, erreichten das Zimmer und atmeten auf.

»Geschafft, geschafft!«, keuchte Turbo. »Meine Güte, wir haben es geschafft.«

»Jetzt unter die Dusche.«

»Wo ist die?«

»Die Tür direkt gegenüber. Geh du zuerst, Turbo.«

»Mach ich.« Turbo holte noch seinen Schlafanzug aus dem Koffer und verschwand mit den Sachen.

Auch Randy zog sich bereits aus. Solange der Freund duschte, wickelte er sich in eine Decke. Wenn er niesen musste, dann so leise wie möglich. Er hoffte, dass seine Mutter auch das Rauschen der Dusche nicht hörte.

Turbo kehrte zurück. In seinem gestreiften Schlafanzug sah er aus wie ein Sträfling. »Du kannst.«

»Danke.«

Auch Randy nahm seine Sachen mit. Das Bad hatte nicht nur eine Dusche, auch eine Badewanne, ein Waschbecken und eine Toilette waren vorhanden. Es tat gut, unter den heißen Strahlen der Dusche zu stehen. Randy wollte jetzt an nichts denken, er freute sich nur darüber, dass sie den beiden Kerlen entkommen waren. Ihm kam es vor, als würde das heiße Wasser auch seine Angst wegschwemmen.

Als Randy wieder sein Zimmer betrat, stand Turbo am zweiten Bett. Randy hatte es bereits aus dem Schrank gekippt, als Turbo noch unter der Dusche gestanden hatte.

»Die beiden Verbrecher werden nicht aufgeben, Randy«, sagte Turbo betrübt.

Randy strich sich das Haar zurück. Es war noch nass. »Ja, da hast du Recht. Und ich frage mich, ob sie es jetzt mit noch härteren Mitteln versuchen werden.«

»Dann müssen wir die Polizei einschalten.«

»Das glaube ich auch.«

»Was ist denn mit Alfred?«, fragte Turbo. »Meinst du, dass wir ihn einweihen können?«

»Ich weiß nicht.«

»Er macht auf mich einen guten Eindruck.«

Randy lachte. »Das schon. Alfred ist ein toller Typ, der weiß eigentlich immer Bescheid.«

»Ist er schon lange bei euch Diener?«

»Diener ist falsch. Er ist unser Angestellter. Mein Vater hat einmal gesagt, dass er auf uns achten soll.«

»Und woher kommt er?«

Randy starrte Turbo an. Darüber hatte er sich noch nie Gedanken gemacht, aber er kapierte, was Turbo mit seiner Frage meinte. »Du, das weiß ich auch nicht genau«, gestand er. »Ich hab keinen Schimmer, wo Alfred herkommt. Ich ... ich kann es dir nicht sagen.«

»Hast du ihn nie gefragt?«

»Nicht direkt. Mein Vater meinte mal, dass Alfred schon viele Berufe gehabt hätte.«

»Deshalb kann er auch so viel.«

»Richtig.«

»Willst du ihn nun ins Vertrauen ziehen oder nicht?«

Turbo erhielt keine direkte Antwort. »Ich habe mal gehört, dass Alfred beim Film gewesen ist.«

»Hä?«

»Beim Film! In den USA. In Hollywood!«

»Schauspieler oder so?«

»Keine Ahnung.« Randy überlegte, dann sagte er: »Okay, wir werden ihn ins Vertrauen ziehen.«

»Ich bin auch dafür.«

Randy schaute auf die Uhr. »Mensch, wir müssen schlafen. Es ist schon zwei Uhr morgens.«

»Kannst du denn schlafen?«

»Ich versuche es.« Randy legte sich hin. Vom Bett aus löschte er das Licht.

Wie ein Tuch fiel die Dunkelheit über das Zimmer. Nur dort, wo sich die Fenster befanden, waren zwei graue Rechtecke zu sehen.

Zwar sprachen die beiden Jungen nicht mehr miteinander, aber schlafen konnten sie auch nicht. Es dauerte eine Weile, bis Randy schließlich doch in einen tiefen, traumlosen Schlummer fiel.

Turbo stand noch einmal auf, als er merkte, dass Randy ruhig und gleichmäßig atmete. Er schlich zum Bett seines Freundes und holte das darunter liegende Schwert hervor.

Im Dunkeln hielt er die Klinge. Er fasste sie mit beiden Händen, beugte den Kopf und berührte mit der Stirn das kalte Metall.

»Nein«, flüsterte er. »Nein, ich gebe dich nicht her. Ich werde um dich kämpfen, so wie es unsere alte Familientradition vorschreibt. Ein Toshikiara wird nicht zum Verräter.«

Die Worte klangen wie ein Schwur ...

Die letzte Chance

Ein Hotel in Düsseldorf. Groß, luxuriös und teuer. Wer hier abstieg, der brauchte nicht auf den Cent zu achten. Es waren meist Geschäftsleute, die in den zahlreichen Zimmern wohnten.

Der Yamuto-Konzern hatte in dem großen Kasten einige Zimmer gemietet. Es spielte dabei keine Rolle, ob sie belegt waren oder nicht. Man überwies am Beginn des Jahres die Summe, damit die Räume stets zur Verfügung standen.

Zu ihnen zählte auch eine Suite. Sie bestand aus mehreren Zimmern und war so groß wie eine Wohnung.

Hier residierte der alte Yamuto!

In der Zimmerflucht hatte er in den letzten Jahren des Öfteren Erfolgsmeldungen entgegennehmen können, doch an diesem Tag war es anders. Der Anruf hatte ihn noch in der Nacht erreicht und ihn kaum schlafen lassen. Jetzt erwartete er die beiden Versager.

Yamuto saß auf dem zur Suite gehörenden Balkon. Ein Ober hatte den reichgedeckten Frühstückswagen dorthin geschoben, aber Yamuto war der Appetit vergangen. Er trank nur Tee, der ihm hier sogar schmeckte.

An der Tür stand sein Gorilla mit dem auffallend flachen Gesicht. Er musste auch bei größter Hitze einen dunklen Anzug tragen. Minos war seinem Chef treu ergeben, las ihm jeden Wunsch von den Augen ab.

Der Alte starrte über das Geländer. Er trug einen seidenen Morgenmantel. Auf dem Gelb des glänzenden Stoffs waren Drachen aufgestickt. Der Mantel war eine kleine Kostbarkeit. Yamuto hatte ihn von seinen Vorfahren geerbt.

Er überlegte, ob er sich vielleicht zu viel vorgenommen hatte. Er hätte die Sache mit dem Schwert doch lieber seinen Söhnen überlassen sollen. Aber was wussten die schon? Sie kümmerten sich nur um die Geschäfte und ließen die alten Traditionen verkommen. Dabei war Yamuto fest davon überzeugt, dass die Waffe seiner Familie gehörte. Die Toshikiaras hatten sie nur gestohlen.

Damals, vor über fünfhundert Jahren.

Japaner haben viel Geduld. Auch Yamuto machte da keine Ausnahme. Aber er wusste, dass er der Letzte aus der Dynastie war, denn die Söhne würden sich um das große Erbe nicht kümmern.

Der Alte drehte den Kopf und ließ den Blick über die Gestalt des Leibwächters schweifen. »Komm her, Minos!«

Der Mann gehorchte wie ein Roboter. Er setzte sich in Bewegung. Vor dem Tisch blieb er stehen.

»Setz dich hin und iss!«

Minos ließ sich nieder. Er war es gewohnt, nur auf Befehl zu handeln. Sein eigener Wille war ausgeschaltet.

Säfte, Brot, Brötchen, Konfitüre, Wurst, Käse und Butter – das alles stand zur Auswahl. Minos war ein Klotz. Er hatte kaum Manieren. Dass er beim Essen schmatzte, störte den Alten nicht, der zu sehr mit seinen eigenen Gedanken beschäftigt war. Er wollte das Schwert haben, er wollte siegen, doch er wusste, dass es die beiden Männer nicht geschafft hatten.

In Reichweite lag das schnurlose Telefon. Als es mit einem Summton anschlug, griff Yamuto rasch danach und meldete sich mit einem fragenden »Ja?«

Man rief ihn von der Rezeption aus an und meldete zwei Männer, die ihn sprechen wollten.

»Hochschicken!«

»Sehr wohl.«

Minos schaufelte weiter. Er schielte dabei auf seinen Chef, der das Fressgelage des Leibwächters durch eine knappe Geste unterbrach. »Sie kommen. Du wirst deinen Platz einnehmen.«

»Sehr wohl, Herr!«

Minos ließ alles stehen. Auf dem Frühstückswagen sah es aus wie auf einem Schlachtfeld. Der Mann hatte wirklich keine Manieren.

Die beiden kamen. An der Tür erwartete Minos sie und brachte sie zum Boss.

Yamuto schaute sie erst gar nicht an. Er blickte über die Brüstung hinweg, strafte sie mit Verachtung und ließ zunächst einige Zeit verstreichen, ehe er das Wort ergriff.

»Versagt habt ihr!«

Sie schwiegen.

»Ich habe Vertrauen in euch gesetzt, und ihr habt mich zweimal kläglich enttäuscht. Wie steht ihr dazu?«

Kway hielt den Mund und überließ die Antwort Shuyo: »Die Umstände waren gegen uns, Herr.«

Yamuto schaute sie noch immer nicht an. »Es wundert mich, dass ihr mit den Umständen zu kämpfen habt. Waren es wieder die Jungen?«

»Ja!«

Der Alte lachte meckernd. »Man sollte euch an den Ohren hochziehen. Wie ist es möglich, dass sie euch überlisten konnten?«

»Wir hatten sie ja schon, aber das Boot schwankte, hinzu kam der Nebel. Dann wurden wir angegriffen …«

Yamuto winkte ab. »Ausreden, alles Ausreden, um euer Versagen zu kaschieren. Ihr könnt von Glück sagen, dass wir uns in einem fremden Land befinden. In unserer Heimat würde es euch schlechter ergehen. Zweimal versagt, so etwas kann man nicht durchgehen lassen. Aber … ich werde euch eine dritte Chance geben. Minos wird bei euch sein und Acht geben. Ihr werdet das Schwert holen. Bei Tageslicht ist das nicht gut möglich. Also wartet die Dunkelheit ab. Wenn es finster ist, dringt in das Haus ein und holt das Schwert. Haben wir uns verstanden?«

»Ja, Meister!«

Die Vorbereitung

Der neue Tag zeigte sich mit einem bedeckten Himmel. Allerdings lagen die Wolken ziemlich hoch, und es wurde auch bald recht warm.

Gegen neun wachte Randy auf. Er öffnete die Augen und starrte gegen die Decke. Dabei hatte er das Gefühl, aus einem tiefen Loch hervorgeholt worden zu sein. Es dauerte seine Zeit, bis er seine Gedanken beisammen hatte.

Überfallartig kehrte die Erinnerung zurück. Plötzlich wusste er wieder Bescheid. Die Ereignisse der vergangenen Nacht standen deutlich vor seinen Augen.

Sie waren noch einmal davongekommen. Nach einem unfreiwilligen Vollbad waren sie den beiden Kerlen entwischt, die das Schwert noch immer nicht in ihren Besitz hatten bringen können.

Randy richtete sich auf. Er konnte auf Turbos Bett schauen, doch dieses war leer.

»Turbo?«

Sein Freund befand sich auch nicht im Zimmer. Das passte Randy nicht. Er schwang die Beine aus dem Bett und wollte zur Tür laufen, als Turbo diese von außen aufstieß.

»Guten Morgen, Langschläfer.« Er lachte. »Wenn du dich sehen könntest, Randy! Du siehst aus, als könntest du noch eine Nacht Schlaf vertragen.«

»Ich fühle mich auch ziemlich besch...eiden.«

»Im Gegensatz zu mir.«

»Das sehe ich.« Randy reckte sich. »Du bist schon angezogen?«

»Ich habe auch schon mit deiner Mutter gesprochen.«

»Was sagt sie? Hat sie etwas bemerkt?«

»Sie erwartet uns zum Frühstück.«

»Sonst hat sie nichts gesagt?« Randy konnte es kaum glauben.

»Nein.«

»Das ist gut.« Randy lachte. »Ich werde mich beeilen. Gehst du schon nach unten?«

»Ich warte hier.«

»Okay.« Randy verschwand im Bad. Er hatte zwar in der Nacht geduscht, doch er wollte sich die Müdigkeit aus den Knochen spülen. Deshalb tanzte er auch unter den kalten Strahlen der Dusche.

Turbo wartete tatsächlich. Er nutzte die Zeit, um seine Koffer auszupacken und die Sachen in leeren Schubladen zu verstauen.

»So, wir können«, sagte Randy und strich sein Haar zurück. Es glänzte noch nass. »Hast du Hunger?«

»Das kannst du wohl sagen.«

»Bei mir hält es sich in Grenzen.«

»Das wird deine Mutter gar nicht freuen.«

»Ich kann die Dinge eben nicht so leicht wegstecken wie du, Turbo.«

»Wie geht es weiter?«

»Wenn ich das wüsste.« Randy hob die Schultern. »Wir haben gestern noch von Alfred gesprochen. Ich finde, dass wir ihn einweihen sollten.«

»Was könnte er denn tun?«

»Das weiß ich noch immer nicht so genau.« Randy hob den Zeigefinger. »Aber Alfred ist nicht ohne, der kennt sich aus.«

»Und deine Mutter?«

»Die darf natürlich nichts davon merken.«

Randy war schon an der Tür, als sein japanischer Freund noch etwas sagte. »Sie hat heute Morgen schon telefoniert. Ich hörte es, als ich das Zimmer verließ.«

»Mit wem denn?«

»Ich wollte ja nicht lauschen, aber …«

»Komm schon, rede.«

»Das muss dein Vater gewesen sein. Der heißt doch Peter – oder nicht?«

»Klar.«

»Dann war er es, der angerufen hat.«

»Vielleicht kommt er endlich heim. Wäre nicht schlecht.« Randy grinste. »Mein alter Herr ist voll in Ordnung, du wirst es sehen. Jetzt lass uns nach unten gehen. Allmählich kriege ich doch Hunger.«

Marion Ritter erwartete die Jungen in der Küche. »Na, ihr beiden! Endlich da?«

»Und wie«, sagte Randy. Dabei starrte er seine Mutter an. »Wie siehst du denn aus, Mum?«

»Wieso?«

»Willst du weg?«

Marion Ritter lachte. »Du meinst, weil ich ein Kostüm trage. Ja, ich will heute weg und morgen auch.«

Randy setzte sich auf die Bank. »Wohin denn?«

»Nach Frankfurt.«

»Einfach so?«

»Nein, ich treffe mich da mit deinem Vater. Er rief überraschend aus Frankfurt an. Vor drei Stunden ist er dort gelandet.«

»Kommt er nicht …?«

»Später. Er muss drei Tage in Frankfurt bleiben und unter anderem einen Vortrag halten. Ich möchte die Gelegenheit nutzen, ihn wiederzusehen.« Sie lächelte. »Schlimm?«

»Nein, überhaupt nicht. Wir kommen auch allein zurecht.«

»Außerdem ist ja Alfred da. Er wird mich nur zum Bahnhof fahren und kommt danach zurück.«

»Ja, dann amüsier dich mal schön. Und bestell Dad einen Gruß.«

»Von mir auch, Frau Ritter.«

»Noch bin ich nicht weg, Jungs. Zunächst einmal werden wir gemeinsam frühstücken. Ich habe für euch Tee gekocht – recht so?«

»Immer.«

Den Jungen schmeckten die frischen Brötchen besonders gut. Alfred hatte sie beim Bäcker geholt.

»Wollt ihr heute in die Stadt?«

Randy und Turbo schauten sich an. »Ich glaube nicht, Mum. Das Wetter gefällt uns nicht. Wir werden uns hier umschauen. Vielleicht besuchen wir auch Ela.«

»Die wird sich freuen.« Marion Ritter nahm noch einen Schluck Kaffee und schaute auf die Uhr. »Für mich wird es Zeit. Alfred wartet draußen am Wagen. Also, Jungs – bis spätestens in drei Tagen.«

Sie verabschiedete sich herzlich von den beiden, die sie noch zur Tür brachten. Alfred hatte den Koffer bereits im Wagen verstaut. Er saß hinter dem Steuer und winkte den Jungen zu.

Dann rollte der Daimler davon.

Randy und Turbo winkten, bis sie nicht mehr gesehen werden konnten.

»Haben wir ein Glück«, sagte Randy und boxte seinem Freund in die Seite. »Das ist einfach rattenscharf.«

»Wie meinst du das?«

»Dass wir allein sind.« Er schlug gegen seine Stirn. »Überleg doch mal, niemand wird uns stören. Das ist krass.«

»Und Alfred?«

»Der macht mit«, war Randy überzeugt und lief wieder ins Haus.

Die beiden aßen jeder noch ein Brötchen. Gemeinsam räumten sie dann den Tisch ab und gingen hoch in ihr Zimmer.

»Wann wird Alfred wieder zurück sein?«, fragte Turbo.

»Das kann man nie so genau sagen. In Düsseldorf ist man schnell, aber die Innenstadt ist meist dicht. Da dauert es, bis du zum Bahnhof durchkommst. Außerdem muss er einen Parkplatz finden.«

Turbo holte das Schwert unter dem Bett hervor. Wieder trug er es sehr vorsichtig bis zu dem Schwertkasten und legte es dort hinein. »Ich hätte mich geärgert, wenn es den Halunken gelungen wäre, die Waffe in die Hände zu kriegen.«

Von unten her hörten sie das Klingeln des Telefons. Randy reagierte wie der Blitz, riss die Tür auf und jagte die Stufen der Treppe hinab. Das schnurlose Telefon stand in der Station, und als er es erreichte, war er ziemlich außer Atem. Mit einem »Ja, hier Ritter!« meldete er sich.

Da die Antwort des Anrufers nicht sofort erfolgte, wusste er schon jetzt, wer es war.

Seine Hand fing an zu zittern, er lauschte, vernahm wieder das Schnauben, dann die Stimme des Kerls im braunen Anzug. »Denk nur nicht, dass wir aufgeben, Junge.«

»Ihr kriegt das Schwert nicht!« Randy sprach mit trotzig klingender Stimme.

»Wir werden es uns holen. Bisher war es noch Spaß, jetzt wird es ernst.«

»Ja, kommen Sie nur. Wir sagen der Polizei Bescheid, und dann ...«

»Die Polizei wird nichts machen können. Wir sind einfach zu stark. Und es gibt nichts, vor dem wir Angst hätten. Hast du verstanden?«

»Habe ich.«

»Noch könnt ihr es euch überlegen. Das ist eure letzte Chance. Die Antwort will ich sofort!«

Randy hörte Schritte. Er drehte sich um und sah Turbo auf der Treppe stehen.

»Sind sie das?«, wollte er wissen.

»Ja.« Randy deckte die Sprechrillen mit der Hand ab. »Sie wollen das Schwert, und sie wollen auch, dass wir uns jetzt und hier entscheiden, Turbo!«

»Nein!«

»Das habe ich ihnen auch gesagt.«

»Dann sag es noch mal!«

Randy sprach wieder in den Apparat. »Sind Sie noch dran?«

»Ja, das bin ich.«

»Wir werden Ihnen das Schwert nicht geben. Es gehört der Familie Toshikiara. Sie soll es auch behalten.«

»Es ist nur die Frage, ob ihr dann auch euer Leben behaltet.« Mit diesen Worten legte der Japaner auf.

Randy schaltete die leere Leitung weg und stellte den Apparat zurück in die Station. Er hatte eine Gänsehaut bekommen und starrte gegen die Wand. Als ihm Turbo die Hand auf die Schulter legte, schrak er zusammen. »Du hast Angst, nicht?«

»Angst?« Randy lachte freudlos. »Junge, mir geht richtig die Muffe!«

»Das kann ich verstehen. Soll ich wieder zurück nach Tokio fliegen?«

Randy fuhr hart herum. »Unsinn, Quatsch! Komm mit in die Küche. Ich habe Durst.« Aus dem Kühlschrank holte er eine Flasche Orangensaft und schenkte zwei Gläser voll. Nach dem ersten Schluck sagte er: »Das hat sich so angehört, als wollten sie herkommen und sich das Schwert holen. Eine andere Möglichkeit gibt es ja für sie auch nicht.«

»Und was machen wir?«

»Wache schieben.«

»Glaubst du, dass sie am Tag kommen?«

»Nein, das können sie nicht riskieren.«

»Dann warten sie die Dunkelheit ab.«

»Bis dahin muss uns etwas eingefallen sein.«

»Vielleicht hat Alfred eine Idee.«

Wie aufs Stichwort hupte es zweimal vor dem Haus.

»Das ist Alfred, ich kenne sein Signal.« Randy war bereits auf dem Weg zur Tür.

Als er öffnete, hatte Alfred den Wagen schon verlassen. Er warf den Autoschlüssel in die Höhe, fing ihn auf und ließ ihn in der Tasche seiner Lederjacke verschwinden.

»Eure Mutter hatte Glück – ich bin hervorragend durchgekommen. Der Verkehr hielt sich in Grenzen.« Er ging an Randy vorbei und begrüßte auch Turbo. »Na, hast du dich schon eingewöhnt?«

»Ja, alles klar.«

Alfred lächelte. Er zupfte an seinem Oberlippenbart, blieb vor den beiden stehen und schaute sie mit einem wissenden Blick an. Beide fühlten sich nicht wohl in ihrer Haut.

»Was ist denn los?«, fragte Randy.

»Eigentlich nichts. Ich wollte euch nur fragen, ob ihr immer in der Nacht duscht?«

»Duschen?«, fragte Randy und wurde rot dabei.

»Ja, ich hörte es. Und ich sah nasse Flecken im Flur.« Alfred grinste.

Randy wusste, dass es keinen Sinn hatte, zu schwindeln. »Können wir mit dir reden?«

»Wenn ihr wollt, sicher. Wo?«

»In der Küche.«

Die drei nahmen auf der Eckbank Platz. Sie saßen sich nun gegenüber.

Alfred hatte seine Jacke ausgezogen und über die Lehne gehängt. »Jetzt bin ich mal auf die große Beichte gespannt.«

»Eine Beichte ist es eigentlich nicht«, bemerkte Randy. »Ich bin nur froh, dass meine Mutter nicht da ist.«

»Ihr würde es also nicht gefallen?«

»Nein.«

»Was habt ihr ausgefressen?«

»Wir gar nichts!«

»Und wer dann?«

»Du warst am Flughafen ja dabei«, erklärte Randy. »Damit fing eigentlich alles an.« Randy beugte sich vor. »Man ist hinter uns her, Alfred.«

»Wer und warum?«

»Die Japaner. Das sind Gangster.«

Alfreds dunkle Augen schienen zu gefrieren. »Du weißt, was du da sagst, Junge?«

»Ja, das weiß ich. Ich weiß es sogar sehr genau. Du kannst Turbo fragen, der wird es dir bestätigen.«

»Stimmt, Alfred«, sagte der junge Japaner.

»In der Nacht hätten sie uns fast erwischt«, fuhr Randy fort.

»Ich kam ebenfalls spät nach Hause«, sagte Alfred, »und habe euch gehört. Dass etwas nicht in Ordnung war, dachte ich mir schon. Ich hätte deiner Mutter doch Bescheid sagen müssen, Randy.«

»Nein, es war besser so.«

Alfred nickte. »Gut, das nehme ich hin. Jetzt will ich aber die Wahrheit wissen. Wer von euch beginnt?«

Randy schaute Turbo an. »Es ist besser, wenn du erzählst.«

Turbo hatte zu Alfred Vertrauen gefasst und begann mit seinem Bericht. Er ließ nichts aus, erzählte vom Erlebnis am Fluss und auch davon, wie es ihnen gelungen war, die Gangster reinzulegen.

»Das werden sie sich nicht gefallen lassen!«, folgerte Alfred.

»So ist es.« Nun sprach wieder Randy. »Die stehen sicherlich unter Druck. Wir bekamen heute Morgen schon einen Anruf. Sie erklärten uns, dass sie das Schwert holen wollen.«

Alfred brauchte nicht lange zu überlegen. »Dann werden sie wahrscheinlich herkommen.«

»Damit rechnen wir auch.«

Alfred räusperte sich. »Gut ist das natürlich nicht. Da diese Leute offensichtlich zu allem entschlossen sind, werden sie auch auf euch keine Rücksicht nehmen. Es wird gefährlich.«

»So sehen wir das auch.« Randy senkte den Kopf, als würde er sich seiner Worte schämen. »Deshalb dachten wir, dass du uns helfen könntest.«

»Ich?« Alfred deutete mit dem Zeigefinger auf seine Brust. »Wieso ausgerechnet ich?«

»Du kannst doch vieles und hast immer Ideen.«

Alfred lehnte sich zurück. »Wisst ihr eigentlich, in welch eine miese Situation ihr mich damit bringt? Ist euch das klar, Jungs?«

»Ja, wissen wir«, gab Randy zu.

»Das ist kein Fall für zwei Jugendliche, sondern für die Polizei«, erklärte Alfred.

»Daran haben wir auch schon gedacht. Aber wir haben nichts in der Hand«, sagte Randy.

»Wir brauchen Beweise«, fügte Turbo hinzu.

Alfred nickte. »Tja, die gibt es wohl nicht.«

Turbo widersprach. »Doch, Alfred. Das Schwert.«

Alfred schaute ihn an. »Wo ist es überhaupt?«

»In Randys Zimmer.«

»Ich werde es mir ansehen. Um noch mal auf die Beweise zurückzukommen: Ich glaube nicht, dass die Polizei allein die Existenz des Schwerts als Beweis gelten lässt. Und die Sache auf dem Flughafen hätten wir gestern zur Anzeige bringen müssen. Das ist heute gelaufen.«

»Was sollen wir denn machen?«

»Erst einmal hochgehen, Turbo. Ich will mir die Waffe genau anschauen.«

Randy hatte noch eine Frage: »Hilfst du uns denn?«

»Hängen lasse ich euch auf keinen Fall.« Alfred stand auf. »Aber es wäre besser, wenn ihr die Waffe freiwillig abgeben würdet. Damit erspart ihr euch viel Ärger.«

Energisch schüttelte Turbo den Kopf. »Nein, Alfred. Ich kann das Schwert nicht hergeben.«

»Weshalb hast du es überhaupt mitgebracht?«

»Das ist wieder eine andere Geschichte.«

»Okay, erzähl sie mir oben.«

Im Zimmer holte Turbo den Schwertkasten unter dem Bett hervor. Alfred staunte nicht schlecht, als er die Klinge sah.
»Meine Güte, die ist wirklich stark.«
»Findest du?«
»Ja.« Er bückte sich. Turbo hatte nichts dagegen, dass Alfred das Schwert an sich nahm. Er trat zurück, hielt den Griff jetzt mit beiden Händen umklammert und kantete die Klinge senkrecht hoch. Sie teilte sein Gesicht praktisch in zwei Hälften.

Die Blicke der Jungen waren auf Alfred gerichtet, der sich plötzlich so schnell bewegte, dass sie mit den Blicken kaum folgen konnten.

Er schwang das Schwert, als wäre er der »Highlander« persönlich. Rechts und links, vor und zurück. Sie hörten das Pfeifen, als die Klinge die Luft durchschnitt. Dabei duckte sich Alfred, ließ das Schwert über seinen Kopf kreisen, sprang selbst hoch und stieß einen Kampfschrei aus.

Danach blieb er stehen, als wäre nichts passiert. Selbst sein Atem ging kaum schneller.

Randy und Turbo kamen aus dem Staunen nicht mehr heraus. »Alfred!«, flüsterte Randy. »Wo hast du das denn gelernt?«

Der Butler lächelte. »Ich kann es eben.«
»Nein«, sagte Turbo, »dazu gehört schon mehr. Du hast das Schwert geführt wie ein Samurai, verstehst du?«
»Ich weiß.«
»Dann hat man dich ausgebildet?«
»Möglich.«
Turbo wollte nicht mehr weiter in Alfred dringen, und Randy fragte: »Und was hältst du von der Waffe?«
»Sie ist fantastisch.«
»Dann würdest du sie an Turbos Stelle auch nicht abgeben?«

Alfred legte die Stirn in Falten. »Das ist eine gute Frage, mein Junge. Eine sehr gute sogar. Die Antwort fällt mir nicht leicht. Nun, ich würde das Schwert nur unter besonderen Umständen abgeben.«

»Meinst du denn, dass diese Umstände eingetreten sind?«

»Kann schon sein.«

»Für mich nicht«, sagte Turbo trotzig. »Ich habe dich kämpfen sehen, Alfred. Wer diese Waffe so beherrscht wie du, der weiß auch über sie Bescheid. Du kennst die Samurai!«

»Natürlich.«

»Das ist ein Samurai-Schwert«, erklärte Turbo. »In unserer Familie gab es große und berühmte Samurai-Kämpfer. Die Toshikiaras haben eine lange Tradition hinter sich. Das Schwert wurde von einer Generation zur anderen weitergegeben. Alfred, ich habe es von meinem Vater erhalten. Er vertraute es mir an. Begreife doch, ich kann es nicht einfach so weggeben. Das geht nicht.«

»Weshalb will man es rauben? Ich habe von Schwertern gehört, denen man magische Kräfte zuschreibt ...«

»Darum geht es wohl nicht. Oder doch – ja.« Turbo nickte heftig. »Wer dieses Schwert besitzt, dem sollen Glück und der Sieg im Kampf beschieden sein, so heißt es und soll es auch geschrieben stehen.«

»Das wissen deine Gegner wohl ebenfalls.«

»Natürlich.«

Alfred legte das Schwert wieder weg und setzte sich. »Wer sind diese Leute?«

»An der Spitze steht ein Mann namens Yamuto. Er ist schon sehr alt, aber er will ...«

»Moment mal. Hat dieser Knabe etwas mit dem Yamuto-Konzern zu tun?«

»Das ist richtig.«

Alfred schluckte und strich sich übers Haar. »Das ist ein Ding. Da hast du dich mit Leuten angelegt, die über fast unbegrenzte Machtmittel verfügen.«

»So stimmt das nicht unbedingt, Alfred«, widersprach Turbo.

»Wie denn?«

»Es ist nur der alte Yamuto, der das Schwert unbedingt haben will. Seine Söhne denken anders darüber, doch für den Alten ist es zu einer Lebensaufgabe geworden, das Schwert an sich zu bringen. Er will es unter allen Umständen noch vor seinem Tod in seinem Besitz haben.«

»Dafür hat er seine Leute geschickt.«

»Ja, die beiden Männer.«

Alfred nickte grimmig. »Ich könnte mir allerdings vorstellen, dass die zwei noch Verstärkung bekommen. Yamuto hat genügend Reserven, um Hunderte von Helfern anzuheuern.«

»Das würde auffallen«, widersprach Randy. »Wenn plötzlich ein ganzer japanischer Gangstertrupp in Düsseldorf auftaucht, würde die Polizei doch aufmerksam werden.«

»Stimmt auch wieder«, stimmte Alfred zu. »Wir können also damit rechnen, dass sie zu zweit oder zu dritt versuchen werden, das Schwert an sich zu bringen.«

»Und was machen wir?«, fragte Turbo.

Alfred hob die Schultern. »Wir müssen uns etwas einfallen lassen. Ich werde Kommissar Hartmann wohl kaum davon überzeugen können, dass er herkommt und das Haus bewachen lässt. Das ist einfach nicht drin. Also bleibt die Sache an uns hängen.«

Die Jungen machten betretene Gesichter, zumal ihnen auch keine bessere Idee einfallen wollte.

Alfred trat an eines der Fenster. Er schaute für eine Weile hinaus. Seine Gedanken kreisten um ein bestimmtes Problem. Er dachte daran, dass das Gelände ziemlich frei lag. Tagsüber würde man die Gangster entdecken, wenn sie sich dem Haus näherten. Im Schutz der Dunkelheit war dies für sie leichter. Zwar hatte der schlossähnliche Bau an den verschiedenen Seiten Lampen, aber die leuchteten nicht die gesamte Umgebung aus.

»Hast du keine Idee?«, fragte Randy schließlich. Die Stille zerrte an seinen Nerven.

»Nein, eigentlich nicht.« Alfred drehte sich um und lächelte.

»Und wir hatten auf dich unsere Hoffnungen gesetzt.«

»Vielleicht hast du mich einfach zu hoch gelobt.«

»Ich kenne dich, Alfred«, widersprach Randy. »Du hast bestimmt schon einen Plan.«

»Ich habe tatsächlich einen«, gab Alfred zu.

»Und welchen?«, fragte Turbo. »Warst du nicht mal beim Film?«

»Hat dir Randy das erzählt?«

»Klar.«

»Es stimmt.«

»Und was hast du da gemacht?«

Alfred hob die Schultern. »Ich war nie ein großer Star, wenn du das meinst. Du hast mich auch nie auf der Leinwand bewundern können. Ich gehörte zu den Leuten, die hinter den Kulissen arbeiten. Die dafür sorgen, dass alles stimmt.«

»Regie?«

»Auch nicht. Für meinen damaligen Beruf gibt es einen bestimmten Ausdruck: Special Effect Man.«

»Das ist krass, ehrlich!«, rief Randy.

Auch Turbo staunte nicht schlecht. »Ich habe begriffen«, flüsterte er schließlich, noch immer mächtig beeindruckt. »Du hast zu den Leuten gehört, die dafür sorgen, dass es richtig knallt, wenn Bruce Willis oder Vin Diesel die Fetzen fliegen lassen.«

»So ist es.«

»Hast du bei vielen Streifen mitgemacht?«

»Da kommt schon so einiges zusammen. Natürlich fast überwiegend Action-Filme.«

»Muss ein toller Job sein.«

»War es auch, Turbo. Ich habe sehr viel bei dieser Arbeit gelernt, das könnt ihr mir glauben. Mir sind eigentlich keine Tricks fremd. Ich habe auch mal selbst Stunts gemacht. Aber das ist nun vorbei, jetzt habe ich hier meine Arbeit.«

»Und was hat das mit unserem Fall zu tun?«, fragte Turbo.

Alfred lächelte verschmitzt. »So ganz bin ich noch nicht raus aus diesem Geschäft.«

»Was heißt das denn?«

»Ich übe ab und zu.«

»Hier?«

»Auch.«

Turbo schaute Randy an. »Ich komme nicht mehr mit. Weißt du, was er meint?«

Bevor Randy eine Antwort geben konnte, sprach Alfred weiter: »Wir sollten hier nicht länger rumsitzen, sondern in den Keller gehen. Dort will ich euch was zeigen.«

»Was denn?«

»Das werdet ihr schon sehen …«

Randy kannte den Keller ja, doch Turbo geriet einmal mehr ins Staunen, als sie die unterirdischen Räume des Hauses betraten. Was er sah, war eine Welt für sich.

Das war kein normalen Keller, das war schon ein regelrechtes Gewölbe!

Die Treppe bestand aus breiten Steinen. Nicht glatt wie Beton, sondern unregelmäßig, zum Teil ausgetreten, dann wieder mit Buckeln an den Seiten.

In dieses Gewölbe hätten auch Fackeln hineingepasst, um es auszuleuchten, doch diese Zeit war vorbei. Unter der Decke brannten, geschützt durch Gitter, mehrere Lampen, deren Licht auch in die verschiedenen Gänge schien.

Unter der Decke befanden sich Spinnweben, die auch in den Winkeln zwischen Decke und Wand klebten und von denen lange Fäden nach unten hingen.

Alfred war stehen geblieben, um Turbo die Gelegenheit zu geben, sich umzuschauen.

»Na, gefällt es dir?«

»Hätte ich nicht hier erwartet«, flüsterte Turbo beeindruckt. »Und der Keller liegt nicht unter dem Turm?«

»Nein, das ist ein anderer Teil«, erklärte Randy. »Hier unten sind auch die großen Vorratsräume und der ganze technische Kram, der ebenfalls zu einem Haus gehört, wie Heizungs- und Energieanlage und so weiter.«

Auf der Stelle stehend, drehte sich Turbo um. »Wo willst du uns hinführen, Alfred?«

»Kommt mit.«

Die beiden folgten dem Butler. Sie betraten einen stollenartigen Gang, in dem es ziemlich finster war und auch muffig roch. Die Wände hier schimmerten weißlich und an einigen Stellen auch grün, weil sich dort Schimmel abgesetzt hatte. Hier war die Decke auch niedriger.

Sie gelangten an eine Tür, vor der sie stehen blieben.

»Hier ist es also«, sagte Alfred.

»Selbst ich betrete zum ersten Mal seine Werkstatt«, sagte Randy. »Alfred hat immer ein Geheimnis daraus gemacht.«

»Es ist meine Schreckenskammer!«, erklärte Alfred schmunzelnd und holte einen Schlüssel hervor. Er hatte ihn in seiner Geldbörse aufbewahrt. Es war ein flacher, moderner Schlüssel zu einem ebenfalls modernen Schloss, das zu diesem alten Keller irgendwie nicht passen wollte.

Alfred musste den Schlüssel zweimal umdrehen, dann war die Tür offen. »Wartet noch einen Moment«, sagte er, drückte die Tür nur spaltbreit auf und schob sich über die Schwelle.

»Was hat er vor?«, fragte Turbo.

»Keine Ahnung.«

Alfred hatte die Tür wieder geschlossen. Die Jungen hörten ihn im Raum herumwerkeln.

»Ihr könnt kommen!«

»Ich würde vorsichtig sein!«, flüsterte Turbo.

»Weshalb?«

»Nur so.«

»Unsinn, ich kenne Alfred.« Mit diesen Worten zog Randy die Tür auf. Turbo blieb hinter ihm, Randy ging vor – und schrie plötzlich auf!

Im Raum war es finster. Das änderte sich, als er einen Schritt über die Schwelle gesetzt hatte.

Etwas kippte auf ihn zu. Ein grauenvolles Monstrum. Grünlich leuchtend, mit einem gewaltigen roten Maul, aus dem stinkender Qualm quoll.

Bevor Randy noch zur Seite springen konnte, streckte das Monstrum die Arme nach ihm aus und umschlang den Jungen.

Randy konnte sich nicht mehr rühren. Er spürte die Arme auf seinem Rücken, hielt den Atem an und vernahm das Lachen in dem Augenblick, als Alfred das Licht anknipste. Die kalte Helligkeit einer Leuchtstoffröhre durchflutete den Raum.

Jetzt trat Turbo näher.

Im ersten Moment erschrak auch er. Das übergroße Ungeheuer hielt seinen Freund fest. Der Kopf dieses Wesens sah fürchterlich aus. Einige letzte Dampfschwaden flossen noch aus dem Maul und verteilten sich dann.

»Das ist meine neue Freundin«, stellte Alfred das Monstrum vor. »Ich nenne sie Ellie. Nett, die Kleine, nicht wahr?«

»Ich kann mir was Netteres vorstellen.« Randy presste die Worte hervor. Er wollte Ellie zurückschieben, das Monstrum aber wich von allein. Es bewegte sich nach hinten, wo Alfred auf einem Stuhl saß und einen Gegenstand auf den Knien balancierte: eine Fernsteuerung!

Er führte einen Hebel, den er in verschiedene Richtungen bewegen konnte, um das Monster zu steuern.

Die Jungen schauten zu, wie es durch den großen Raum zu schweben schien und schließlich an einer freien Stelle an der Wand verharrte.

Alfred stellte die Fernbedienung weg. »So weit zu Ellie«, sagte er und stand auf. Eine Hand schob er in die Hosentasche, mit der anderen deutete er in den Raum. »Weshalb kommt ihr nicht näher?«

Randy sagte nichts. Er schluckte und schüttelte den Kopf. »Das ist deine Werkstatt, von der du immer gesprochen hast?«

»Ja.«

»Einmalig.«

Alfred nickte. »Ich bin auch ein wenig stolz darauf, denn viele Dinge aus meinem ehemaligen Beruf habe ich hier untergebracht und weiterentwickelt.« Er deutete auf große Kartons. »Darin habe ich noch einige Überraschungen.«

Beinahe andächtig traten die Jungen näher. Es war tatsächlich alles vorhanden, was das Herz eines Handwerkers erfreute: Drehbänke, Schraubstöcke, Sägen, Hobel, Werkzeuge aller Art. Zusätzlich gab es in diesem Kellerraum Elektromotoren, riesige Batterien, einen hochmodernen Computer mit Plasmabildschirm und Farbdrucker sowie Dinge, die aussahen wie Spielzeug: Monster, mal groß, mal kleiner, Puppen, Zwerge, kleine Autos, eine Eisenbahn und auch Waffen wie Schwerter, Degen und Äxte, die sehr echt aussahen.

Alfred ließ den Jungen Zeit, all seine Schätze zu bewundern. Nickend kehrte Randy zu ihm zurück. »Das hätte ich wirklich nicht erwartet, Alfred.«

»Es ist meine Spielzeugkammer.«

»Das ist voll fett.«

»Ich habe deinen Eltern eigentlich versprochen, dich nicht hier reinzulassen. Doch leider sah ich mich gezwungen, dieses Versprechen zu brechen.«

»Sind die Japaner der Grund dafür?«

»Genau.«

»Und was hast du vor?«

Alfred lachte, nahm die beiden Jungen am Arm und verließ mit ihnen den Raum. »Das werde ich euch am besten oben erzählen. Außerdem möchte ich nicht, dass ihr bei meinen Vorbereitungen dabei seid.«

»Weshalb nicht?«

»Es gibt Dinge, die will ich für mich behalten. Ich bin ein alter Bastler, und das sollen andere zu spüren bekommen.«

»Die Japaner?«, fragte Randy.

Alfred zwinkerte ihm zu. »Die an erster Stelle ...«

Sie erreichten das Erdgeschoss, und Randy fragte: »Was meinst du, Alfred, welchen Weg werden sie nehmen?«

»Bestimmt nicht mehr den übers Wasser. Das haben sie einmal versucht, und das ist schief gelaufen. Wir sollten damit rechnen, dass sie den direkten Weg nehmen.«

»Und das trauen die sich?«

Alfred lachte bitter. »Mein lieber Randy. Typen wie die sind zu allem fähig.«

»Besteht für uns Lebensgefahr?«, fragte Turbo direkt.

Alfred gab diesmal keine Antwort. Aber auch so wussten die beiden Freunde Bescheid ...

Zwischen ihnen entstand eine Pause. Die Jungen fühlten sich einfach überfordert.

»Du hast uns deine Spielzeugkammer nicht ohne Grund gezeigt«, bemerkte Randy.

»Logo.«

»Und?«

Alfred rang sich ein Lächeln ab. »Darf ich euch um etwas bitten, Freunde?«

»Immer.«

»Haltet euch in den nächsten Stunden zurück. Tut einfach nichts oder lauft meinetwegen zum Rhein und werft Steine ins Wasser. Ich möchte nämlich meine Ruhe haben.«

»Was hast du vor?«

»Diese Frage, Randy, war schon zu viel. Vertraut ihr mir, Freunde?«

»Ja!« Auch Turbo nickte.

Alfred drehte sich um. Er ging wieder in Richtung Keller. Über die Schulter gewandt, sagte er: »Wir sehen uns später ...«

Eingekreist

Randy und Turbo hielten sich tatsächlich an Alfreds Rat und unternahmen zunächst einmal nichts, doch es fiel ihnen schwer.

Sie versuchten sich abzulenken. Spielten Tischtennis, dann ein PC-Game, dann wieder Tischtennis, nur gelang es keinem von ihnen, sich zu konzentrieren.

Randy war es, der den Schläger schließlich auf die Platte schleuderte. »Ich hab nicht den richtigen Bock!«

»Was willst du statt dessen tun? Wieder der PC?«

»Nein, auch nicht. Hängen, gammeln, warten, überlegen.«

»Ich würde gern schwimmen gehen.«

»Hätte ich auch nichts dagegen. Das nächste Hallenbad ist nur zu weit entfernt. Eigentlich möchte ich lieber im Haus bleiben.«

»Okay, dann doch wieder ein PC-Game«, entschied Turbo. »Gehen wir nach oben. Hast du V-Rally 3? Dann zeig ich dir, warum man mich Turbo nennt!«

Sie hatten den Keller kaum verlassen, als die Türschelle anschlug. Das Geräusch der Klingel war sehr laut. Es schwang durch die gesamte untere Etage.

»Ob sie das sind?«, fragte Turbo. Er wollte schon zur Kellertreppe zurück, um Alfred zu holen.

»Unsinn, das sind bestimmt nicht ...«

»He, seid ihr nicht zu Hause?« Es war die Stimme eines Mädchens, die sie hörten.

»Michaela!«, sagte Randy und öffnete.

Das Bellen eines Hundes empfing ihn. Michaela war nicht allein gekommen. Sie hatte Pitbull mitgebracht. Der Name war etwas irreführend, denn Pitbull war kein Pitbull, sondern ein Rauhaardackel, und zwar eine Dackel-Lady.

Pitbull freute sich wie ein Schneekönig, als sie Randy sah. Der Hund sprang an ihm hoch, kratzte mit den Vorderpfoten gegen die Jeans, ließ sich das Fell kraulen und auch den Kopf streicheln. Seine Zunge fuhr leckend über Randys Hand.

»Ja, ist schon gut, Pitbull. Du bist ja die Beste, ich weiß das.«

»Wieso Pitbull?«, fragte Turbo. »Das ist kein Pitbull.«

»Das nicht«, erklärte Michaela lächelnd. »Trotzdem – sie heißt so.«

»Pitbull ist eine sie?«, fragte Turbo.

»Ja«, rief Randy und lachte. »Kann man nur nicht sehen.«

»Du siehst so etwas nicht«, sagte Ela und hob die rechte Hand. »Hi, Turbo, wie ist es?«

»Ganz gut.«

»Willst du nicht reinkommen?«, fragte Randy.

»Nein, ich wollte mit Pitbull noch etwas laufen und euch fragen, ob ihr mitkommt?«

»Hast du Lust, Turbo?«

»Ja, das ist besser, als hier im Haus herumzusitzen und die Zeit abzuwarten.«

»Okay, ich hole nur meine Jacke.«

Michaela Schröder und Turbo warteten. Der Junge aus Japan streichelte Pitbull, die sich dies gern gefallen ließ und sich sogar auf den Rücken legte, was Michaela wunderte. »Das macht Pitbull sonst nicht bei einem Fremden.«

»Ich habe einen Draht zu Tieren.« Turbo schaute Ela an. »Sag mal, warum heißt sie eigentlich Pitbull, obwohl sie eine Dackel-Lady ist?«

Ela zuckte mit den Schultern. »Weil ich das lustig finde, darum.«

»Ist ja krass.«

Ela wechselte unvermittelt das Thema. »Was ist eigentlich mit Randy los?«

Turbo richtete sich wieder auf. »Wie meinst du das?«

Michaela hob die Schultern. Sie trug einen pinkfarbenen Sweeter mit der Aufschrift »Love is crazy« und eine weiße Jeans. »Er war eben so anders, verstehst du?«

»Nein.«

»Nicht so locker und cool wie sonst.«

»Wir sind eben noch etwas müde.«

»War eine lange Nacht, wie?«

»Es dauerte schon einige Zeit, bis wir eingeschlafen waren.«

»Kann ich verstehen. Wenn meine Freundin bei mir ist, schlafen wir immer erst nach Mitternacht ein.«

Randy kam zurück. »Wir können. Auf, Marsch, Marsch!«

»Weiß Alfred Bescheid?«, fragte Turbo.

»Klar doch.«

»Ist deine Mutter nicht da?«, wollte Ela wissen.

»Nein, sie ist heute früh schon nach Frankfurt, um Vater zu treffen.«

»Kommt er heim?«

Randy zog die Tür zu. »Ja, in zwei oder drei Tagen. Bei dem weiß man das nie so genau.«

Turbo war schon vorgelaufen, drehte sich jetzt um und fragte: »Ist das die Richtung?«

»Mir egal. Oder wolltest du woanders hin, Ela?«

»Nein, der Fluss ist schon okay.« Sie hatte Pitbull von der Leine gelassen. Die Hündin fühlte sich ungemein stark. Sie wetzte auf ihren kurzen Beinen durch das Gelände und jagte alles, was sich bewegte. Dabei kläffte sie vor Freude.

Ela war ziemlich ernst drauf, das fiel auch Randy auf. »Hast du was? Liegt dir was auf der Seele?«

»Ach, es ist nichts ...«

»Komm schon. Spuck's aus. Wir sind die Problem-Bereiniger, und unser Motto ist: Wir schaffen alles – und alles schafft uns.«

»Mann, Randy – hör doch mal mit den dummen Sprüchen auf.«

»O du Sensibelchen.« Randy legte seinen Arm um Ela. »Bist du heute mit dem linken Zeh zuerst aufgestanden?«

Sie blieb stehen. »Lass den Bockmist. Ich denke nach.«

Er starrte sie mit großen Augen an. »He, sag bloß!«

»Was?«

»Das kannst du? Denken?«

»Manchmal schon.«

Turbo stand daneben und amüsierte sich über den Dialog der beiden. Im Gegensatz zu Randy schien es Michaela jedoch ernst zu sein.

»Ich denke noch immer an die beiden Kerle vom Flughafen«, sagte sie plötzlich.

»Ach, vergiss sie.«

»Das kann ich nicht.«

»Und weshalb nicht?«

»Weil ich sie gesehen habe!«

Jetzt war es heraus. Das Geständnis überraschte Turbo ebenso wie Randy. »Du hast sie gesehen?«, fragte der Japaner.

»Wenn ich es sage.«

»Ich will ja niemandem zu nahe treten«, begann Randy, »aber Turbos Landsleute sehen sich alle ziemlich ähnlich.«

»Jedenfalls für euch Europäer«, schränkte Turbo ein.

»Jedenfalls für uns Europäer«, bestätigte Randy.

»Sie waren es«, beharrte Ela. »Ich bin mir sicher.«

»Und wann war das?«, fragte Randy.

»Heute Morgen, bei uns zu Hause.«

Randy schaute Turbo an. »Was sagst du dazu?«

»Was soll ich dazu sagen? Das ist ganz schöner Mist.«

Michaela merkte, dass mit den beiden etwas nicht stimmte. »Was habt ihr? Ihr wisst doch mehr, als ihr sagen wollt, richtig?«

»Leider wissen wir nichts oder fast nichts«, gestand Randy. »Aber du kannst uns helfen, Ela.«

»Wie großzügig von euch.«

Randy überhörte geflissentlich den spöttischen Ton. »Waren die beiden Japaner direkt bei euch?«

»Nein«, antwortete Ela. »Zuerst fuhren sie an unserem Haus vorbei. Dann kamen sie plötzlich wieder zurück und sprachen mit meiner Mutter. Ich fragte natürlich, was sie gewollt hatten. Sie erkundigten sich nach dem Weg zu eurem Haus. Wie man dorthin kommt und so weiter.«

»Waren es nur die beiden?«

»Eben nicht. Da war noch ein dritter. Der ist aber im Auto sitzen geblieben. Ich konnte ihn deshalb nicht genau erkennen. Zudem waren die Scheiben getönt.«

»Drei also«, murmelte Randy und nickte Turbo bedeutungsvoll zu.

Michaela trat heftig mit dem Fuß auf. Pitbull gefiel das nicht. Sie sprang kläffend zur Seite. »Was verheimlicht ihr mir?«

»Nichts. Was sollten wir dir verheimlichen?«

Sie kam auf Randy zu. »Hör auf, ich kenne dich. Die Japaner haben nicht ohne Grund nach euch gefragt.« Misstrauisch schaute sie ihren Freund an. »Was wollen diese Leute von dir oder deinen Eltern? Hier läuft doch was?«

»Die wollen nichts von mir«, erklärte Randy. »Und auch nichts von meinen Eltern.«

»Dann bleibt nur Turbo!«, folgerte Michaela messerscharf.

»Ja.« Randy räusperte sich. Wind strich durch sein Haar und wehte es hoch. »Willst du es ihr sagen, Turbo?«

»Man kann ihr trauen?«

»Sicher.«

»Es geht um ein Schwert.«

Michaela Schröder verstand überhaupt nichts mehr, das bewies ihr Gesichtsausdruck. Wenig später jedoch war sie aufgeklärt und hatte große Augen bekommen. »Stimmt das?«, hauchte sie.

»Wir haben doch keinen Grund, dich zu belügen!«, erklärte Turbo.

»Aber das ist doch ...« – sie suchte nach dem richtigen Wort – »... gefährlich.«
»Kann sein.«
»Und was wollt ihr jetzt tun?«
»Abwarten«, antwortete Randy. »Oder mal nachschauen. Du weißt nicht zufällig, ob die Typen noch in der Nähe sind?«
»Meine Mutter hat ihnen den Weg zu euch erklärt, damit war für sie der Fall erledigt. Ich habe ihr von Turbo erzählt, deshalb wurde sie nicht misstrauisch, als Japaner nach euch fragten.«
»Verständlich.«
»Die Kerle treiben sich bestimmt irgendwo in der Nähe herum«, sagte Turbo. »Ich finde, wir sollten sie suchen.«
»Warum?«, fragte Randy.
Turbo zuckte mit den Schultern. »Na, um zu beobachten, was sie treiben. Vielleicht kriegen wir auf diese Weise raus, was sie vorhaben.«
»Dann komme ich mit«, bestimmte das Mädchen.
»Fragt sich nur, wohin?«
»Erst zu euch?«
»Und dann?«
»Schlagen wir einen Bogen. Wir kennen ja Schleichwege. Vielleicht entdecken wir ihren Wagen, wenn sie ihn irgendwo abgestellt haben. Ich denke, dass sie unsere Hütte längst unter Beobachtung haben.«
»Drück dich mal deutlicher aus.«
»Sie beobachten das Haus. Vielleicht durch Ferngläser, was weiß ich.«
»Kann sein.« Michaela lächelte und rieb sich die Hände. »Ich finde es spannend, mal ein bisschen Detektiv zu spielen. Wir werden den Wagen schon finden.«
»Was war es denn für eine Marke?«, wollte Turbo wissen.
»Ein Japaner.«
»Häh?«, machte Turbo.

Michaela schlug sich gegen die Stirn. »Ich meine: eine japanische Automarke. Ich kenne mich da nicht so aus. Ein Honda oder so.«

»Welche Farbe hatte er?«, wollte Randy wissen.

»Blau, ziemlich dunkel. Der glänzte, als wäre er frisch poliert.«

»Und sie sind in Richtung unseres Hauses gefahren?«

»Ja, sie haben die normale Straße genommen.«

»Gut, dann werden wir sie auch finden.« Randy nickte entschlossen. Jetzt wussten sie, dass die beiden Kerle Verstärkung von einem dritten Mann bekommen hatten.

Die Sonne meinte es an diesem Tag gut mit ihnen. Sie stand hoch am Himmel. Zwar war sie von Wolken umgeben, aber die störten nicht. Auch nicht der etwas kühle Wind, der den Fluss heraufwehte, die Blätter der Bäume schüttelte, durchs Gras kämmte und auf dem Wasser ein Spiel mit den Wellen trieb.

Zur Straße hin ging es ein wenig bergauf. Laubbäume und Büsche wuchsen hier, und alleeartig stehende Bäume trennten das Gelände von der Straße. Wenn Lastwagen vorbeidonnerten, waren sie mehr zu hören als zu sehen.

Die Schröders wohnten in einem kleinen Haus, das auf Niemandsland stand. Dennoch fühlten sie sich als echte Düsseldorfer.

Am Rand der Straße musste Pitbull an die Leine genommen werden. Außerdem erschreckten die Autos die Hündin.

»In welche Richtung sind sie gefahren?«, erkundigte sich Randy noch einmal.

Ela deutete nach rechts. Dort lag das schlossartige Haus der Ritters.

»Die werden kaum die Frechheit haben, vor unserem Haus zu parken«, sagte Randy. »Wenn sie den Wagen verlassen haben, steht er irgendwo versteckt.«

»Und was machen wir, wenn wir ihn finden?«, fragte Turbo.

»Wir könnten uns ja rächen.« Ela grinste. »Die haben Alfred ja auch einen Reifen zerstochen. Ich wollte schon immer mal einen Wagen mattsetzen.«

Randy lachte. »Jetzt wirst du zur Tigerin. Aber die Idee ist gut.« Er rieb sich die Hände. »Sie gibt mir sogar Auftrieb.«

Auch Turbo fühlte sich angespornt. Im Gänsemarsch gingen sie am Rand der breiten Uferstraße entlang, die stark befahren war. Sie hielten sich im Schatten der Bäume, schauten aber sehr genau durch die Lücken, ob vielleicht irgendwo der Lack eines abgestellten Wagens schimmerte.

Um das Haus der Ritters zu erreichen, musste man von der Straße her in die Zufahrt einbiegen. Keiner von ihnen glaubte daran, dass die Japaner diesen Weg genommen hatten. Sie gingen vielmehr davon aus, dass sie entweder knapp vorher oder kurz danach abgebogen waren. Deshalb achteten sie auch auf Reifenspuren, die sich im weichen Erdreich unweigerlich abzeichnen mussten.

Randy schritt an der Spitze. Ela hatten sie in die Mitte genommen. Als Randy das große Haus bereits durch eine Lücke zwischen den Bäumen sehen konnte, blieb er stehen und schüttelte den Kopf. »Nichts. Sie sind nicht hier. Ich glaube, wir haben uns vertan.«

»Geh trotzdem weiter.« Ela stieß ihn an.

»Ja, ja, mal keine Panik.«

»Da!« Turbo hatte die besseren Augen von ihnen. Er streckte den Arm aus und wies mit dem Zeigefinger auf eine Stelle zwischen Büschen und zwei Bäumen. Dort war der Boden mit sattgrünem Gras bewachsen, das einen dichten Teppich bildete. In zwei breiten Spuren war es niedergedrückt worden.

Beide Jungen gingen in die Hocke und untersuchten die Spuren genau. »Da ist ein Wagen hergefahren!«, sagte Turbo. »Daran gibt es keinen Zweifel.«

Ela wies auf eine Buschreihe, die einen schrägen Wall bildete. »Wetten, dahinter steht der Wagen?«

Sekunden später bogen sie die Zweige zur Seite und lachten triumphierend auf.

Hinter der natürlichen Deckung stand tatsächlich der blaue Wagen. Es war ein Honda. Ela hatte sich nicht geirrt. Der Wagen war von der anderen Seite her hinter die Büsche gefahren worden. Er konnte von der Straße aus nicht entdeckt werden.

»Das ist krass!« Randy ging um das Fahrzeug herum. Er schaute auch hinein. Wegen der getönten Scheiben musste er sein Gesicht dicht an die Fenster bringen. »Leer.«

»Ist sonst noch was zu sehen?«

»So sicher, wie Pitbull kein Pitbull ist.«

Die Hündin hatte ihren Namen gehört und begann zu bellen.

»Okay, dann steh du mal Schmiere.« Randy und Turbo bückten sich. »Rache ist süß«, murmelte Randy und nahm sich das Ventil am rechten Hinterreifen vor.

Wenig später zischte es. Danach sogar im Duett, denn auch Turbo hatte es geschafft, die Luft aus dem Reifen zu lassen. Der Honda sank langsam tiefer. Turbo legte noch seine Hände auf das Dach und half mit.

»Das tut mir richtig gut«, sagte er. »Sollen wir die Vorderräder auch noch platt machen?«

Randy winkte ab. »Zwei reichen. Wir wollen nichts übertreiben.«

Ela wühlte sich durch die Büsche. Auch Pitbull hatte ihren Spaß. Sie versuchte, Fliegen zu fangen. Das Mädchen setzte sich auf die Motorhaube. »Und jetzt, ihr großen Detektive? Wie geht es weiter? Wem wollt ihr nun die Luft rauslassen?«

»Am liebsten den drei Typen.«

»Die müssen wir erst mal haben. Sie wollten ja zu euch, Randy. Vielleicht sind sie schon da.«

»Du meinst im Haus?«

»Kann doch sein.«

»Nee, daran glaube ich nicht. Alfred ist da. Den haben wir eingeweiht. Der passt auf.«

»Aber sie wollen sich das Schwert holen.«

»Sicher.«

»Wie kommt man in den Keller?«, fragte Ela.

»Von außen schlecht. Die Fenster sind gesichert. Da müssten sie schon die Gitter durchsägen, und das würde auffallen.«

»Welche Möglichkeiten gibt es dann für sie?«

»Ich kann mir denken, dass sie in der Gegend umherschleichen«, meinte Turbo. »Die werden das Haus beobachten und erst versuchen, mein Schwert zu stehlen, wenn es dunkel geworden ist.«

»Das denke ich auch«, stimmte Ela zu.

»Glaubst du denn, dass die sich hier noch einige Stunden verstecken?«, zweifelte Randy. »Denen wird es viel zu langweilig.«

Turbo lächelte wissend. »Du kennst uns Japaner nicht, Randy. Wir haben eine andere Mentalität als ihr Europäer. Wir können warten, wir haben Zeit.«

Die Freunde überlegten. Randy hielt sein Gesicht gegen den Wind. Durch die Lücken im Blattwerk der Bäume schien warm die Sonne. Ohne die Augen zu öffnen, fragte er: »Was ist, wenn sie uns hier entdecken? Welchen Ärger bekommen wir dann?«

»Einigen«, sagte Turbo.

»Drück dich mal genauer aus.«

»Ich könnte mir vorstellen, dass sie dann einen von uns als Geisel nehmen.«

Randy fuhr herum. »Verfluchte Kacke, damit wäre alles im Eimer. Aber restlos. Auch der Plan von Alfred.«

»Was hat er denn vor?«, fragte Ela.

»Kann ich nicht sagen. Das wissen wir selbst nicht genau.«

»Was bleibt uns also übrig?« Turbo fügte gleich die Antwort hinzu. »Wir müssen zurück zum Haus.«

»Das bestimmt beobachtet wird.«

»Leider.«

Randy ging einige Schritte zur Seite. Er konnte das schlossähnliche Gebäude gut sehen. Der Turm an der Westseite überragte das Dach. Er sah aus wie eine Trutzburg. Zwar fiel das flache Gelände ab, es bot jedoch auch Versteckmöglichkeiten, hinter denen die Japaner lauern konnten. Es war für den Jungen schon ein seltsames Gefühl, auf das Haus zu schauen, es zum Greifen nahe zu haben und trotzdem nicht so ohne Weiteres hinlaufen zu können.

»Hast du eine Lösung gefunden?«, fragte Turbo.

»Ja – für Ela.«

»Wieso für mich?«

»Du gehst am besten zurück.«

»Ich?« Sie staunte Randy an.

»Ja, du.«

»Wieso denn das?«

»Weil du unser Schwachpunkt bist.«

Michaela tippte sich gegen die Stirn. »Du hast wohl einen Knick im Gehirn, du komischer Macho. Das kommt überhaupt nicht in die Tüte. Ich bleibe bei euch. Ich habe euch doch erst auf die Spur gebracht. Hast du das vergessen, du eingebildeter Typ?« Elas Augen blitzten. Die Zeichen standen bei ihr auf Orkan.

Das erkannte auch Randy. Mit beiden Händen winkte er ab. »Nun reg dich mal nicht gleich auf, es ist wirklich besser, wenn du wieder zu euch gehst.«

»Da bin ich sicher vor den Gangstern, meinst du?«

»Sehr richtig.«

Ela lächelte rätselhaft. »Nachdenken war nie deine große Stärke, du Hirnie. Was ist denn, wenn uns die Kerle längst zusammen gesehen haben? Dann wissen sie, dass ich praktisch zu euch gehöre. Wenn ich jetzt allein zurückgehe und sie schnappen mich, haben sie eine perfekte Geisel, die sie gegen euch einsetzen können. Die brauchen nur bei uns einzudringen und ...« Sie verschluckte den Rest von dem, was sie hatte sagen wollen, und wurde blass. »Mein Gott, ich habe noch einen kleinen Bruder. Wie stellt ihr euch das vor?«

Turbo nickte. »Ich glaube, dass Ela Recht hat, Randy. So einfach ist das nicht mehr.«

»Was sollen wir machen?«

»Ich wüsste es«, sagte Michaela.

»Ja los, Ela! Spuck's aus!«, forderte Randy.

»Ich bleibe bei euch, ganz einfach.«

Randy lachte. »Über Nacht, wie?«

»Na und? Ich habe schon öfter bei euch geschlafen.«

Randy gab keine Antwort. Er schüttelte nur den Kopf.

Das gefiel Turbo nicht. »Wir müssen eine Entscheidung treffen«, sagte er.

»Weiß ich auch.«

»Bleibt es dabei?«

Randy drehte sich zu Michaela um, die ihn kokett anlächelte und sagte: »Wenn du nicht willst, packe ich mir Pitbull und verschwinde. Kommen die Kerle dann zu uns, bestelle ich ihnen einen schönen Gruß. Klar?«

»Mist!«

Ela ging. Pitbull wollte nicht so recht. Sie schaute über die Grashalme hinweg aus ihren braunen Augen auf ihr Frauchen und bellte kläffend.

»Okay, ich bin einverstanden«, sagte Randy schnell. »Du kannst mit zu uns. Aber was Alfred dazu sagen wird, das weiß ich nicht. Mach dich auf was gefasst.«

»Er wird mich verstehen.«

»Und was sagt der gesunde Menschenverstand dazu?«

»Hau doch nicht so auf den Löffel, du alter Streithammel. Denk lieber darüber nach, wie wir am besten und auch ungesehen zu eurem Haus zurückkommen!«

»Manchmal ist der direkte Weg der sicherste«, sagte Turbo. »Weit ist es nicht.«

»Und wenn sie hier in der Nähe hocken?«

»Die sind zu dritt, Randy. Die Kerle haben sich bestimmt verteilt, um das Haus von allen Seiten her unter Beobachtung zu halten.«

»Okay«, murmelte Randy. »Wir müssen aber dicht zusammenbleiben. Haltet die Augen offen. Was ist mit Pitbull?«

»Die nehme ich an die Leine.«

Pitbull wollte nicht, doch Ela kannte kein Pardon. »Los, du kleine Hexe, so haben wir nicht gewettet.«

Pitbull beruhigte sich schnell wieder. Randy kam sich vor wie ein Waldläufer aus den »Herr der Ringe«-Filmen. Sehr vorsichtig schaute er sich um und beobachtete zunächst noch das Haus.

Wie gemalt lag es im Schein der Sonne und in der klaren Luft. Ein wunderschöner Anblick. Eigentlich hätte Randy stolz darauf sein müssen, so zu wohnen. Das war er im Prinzip auch. Jetzt aber überwog die Furcht.

Er war bestimmt kein Feigling, doch Vorsicht war immer besser, als nachher vor den Scherben zu stehen.

Falls sich die Japaner tatsächlich in der Nähe aufhielten, hatten sie sich hervorragend versteckt. Nicht einmal ein Schuhabsatz war von ihnen zu sehen. Das dichte Grün der Uferregion wirkte an einigen Stellen wie eine Wand.

Die Freunde hatten es eilig, dennoch rannten sie nicht einfach so auf das Haus zu.

Sie gingen langsam, schauten sich um. Jeder von ihnen behielt eine Richtung im Auge. Damit Pitbull nicht bellte, hatte ihr Ela, die die Hündin trotz der Leine noch trug, eine Hand auf die Schnauze gelegt. Das gefiel Pitbull überhaupt nicht. Sie schaute ihr Frauchen aus großen Augen bittend an.

»Gleich ist ja alles vorbei, Pitbull. Es dauert nicht lange, das verspreche ich dir.«

Michaela Schröder sollte sich irren. Randy blieb so abrupt stehen, dass sie fast gegen ihn gelaufen wäre.

»Was ist denn?«

»Runter!«

Nicht nur Randy duckte sich, auch Ela und Turbo gingen in die Knie. Der Freund aus Japan kroch auf Händen und Füßen vor. Neben Randy stoppte er.

»Was ist denn?«

»Ich habe was gesehen!«

»Und?«

»Schau mal nach links.« Randy sprach leise, aber trotzdem laut genug, dass auch Ela ihn hörte. »Da ist dieser Baum, die alte Ulme. Zwischen den Blättern habe ich etwas blitzen sehen.«

»Was war es?«

»Weiß ich nicht. Es gehört jedenfalls nicht dorthin, wenn du verstehst.«

»Sicher.«

»Ob da jemand im Baum hockt?«, fragte Michaela.

Randy nickte. »Daran habe ich auch schon gedacht. Ist doch ein idealer Platz für einen Beobachtungsposten – oder nicht?«

»Besonders dann, wenn man einen Feldstecher hat«, meinte Michaela.

»Was machen wir?«, fragte Turbo.

Die Antwort kam aus dem Baum. Abermals blitzte es zwischen dem Blattwerk auf. Zugleich bewegten sich noch einige Zweige. Die drei Freunde waren sich sicher, dass der Unbekannte im Baum in ihre Richtung starrte.

»Der weiß, wo wir sind«, flüsterte Ela.

»Nehme ich auch an«, erwiderte Randy. Er drehte sich zu Ela um. »Da gibt es nur eins: die Beine in die Hand nehmen und zum Haus rennen. Vielleicht sind wir schneller.«

»Du als Staffelläufer bestimmt.«

»Ich bin auch nicht langsam«, sagte Turbo.

Randy hatte sich bereits halb aufgerichtet. »Seid ihr fertig?«

Die beiden nickten.

»Pitbull auch?«

»Die halte ich fest!«

»Dann los!«, zischte Randy durch die Zähne und startete.

Der Untergrund war keine Aschenbahn wie auf dem Sportplatz. Er war bucklig, hatte auch kleine Schlaglöcher, und dadurch war das Laufen nicht einfach, besonders nicht das schnelle Rennen.

Randy, Turbo und Ela duckten sich dabei. Über Hindernisse sprangen sie hinweg. Sie liefen schräg auf das Haus zu und würden es an der Turmseite erreichen.

Das erkannte auch der Beobachter im Baum. Randy, der einen Blick nach links warf, sah plötzlich die Gestalt. Es war ein Fremder. Er turnte über dem Boden und hielt sich mit beiden Händen an einem weit vorwachsenden Ast fest. Dabei schaukelte er. Auch aus der Entfernung war zu sehen, dass dieser Typ fast doppelt so kräftig war wie die beiden Japaner, mit denen sie es bisher zu tun gehabt hatten.

»Schneller!«, schrie Randy. Er brauchte auf nichts mehr Rücksicht zu nehmen, jetzt, da man sie entdeckt hatte.

In diesem Augenblick ließ der Mann den Ast los. Er fiel aus einer ziemlich großen Höhe, aber das machte ihm nichts. Er berührte den Boden, ließ sich fallen, rollte sich ab und sprang auf die Beine.

Ein Kampfschrei drang aus seinem Mund. Dann jagte er auf die drei Freunde zu!

Er kam von links. Der Vergleich mit einem lebenden Kraftpaket kam Randy in den Sinn, als er sah, wie schnell dieser Mann lief. Seine Füße schienen den Boden kaum zu berühren. Er flog förmlich über ihn hinweg und war gewandt wie eine Katze.

Er trug dunkle Kleidung, nur das Gesicht schimmerte hell, als hätte er eine Maske aus Silber aufgesetzt.

Konnten sie es schaffen?

Die Entfernung zwischen ihnen und dem Mann schmolz zusehends dahin. Randy hörte seinen eigenen Atem, aber auch das Keuchen seiner Freunde hinter sich. Dazwischen bellte Pitbull, als wollte sie dadurch den anderen vertreiben.

Wenn jetzt einer von ihnen stolperte und hinfiel, war alles aus.

Der Japaner setzte mit gewaltigen Sprüngen über Büsche hinweg, als wollte er abheben und fliegen. Federnd kam er immer wieder auf und rannte noch schneller. Er hatte eine Kondition, die schon übermenschlich erschien.

Ein zweibeiniger Tiger hatte sich auf die Fährte der Freunde gesetzt. Vielleicht hätten sie es nicht geschafft, doch dem Japaner unterlief ein Missgeschick.

Bei einem seiner weiten Sprünge bedachte er nicht mehr die Unebenheit des Bodens. Er kam zwar noch richtig auf, knickte dann aber weg und vollführte einen Salto. Gras und hohes Buschwerk nahmen den Flüchtenden die Sicht auf ihn. Als der Mann wieder hochschnellte und die Verfolgung wieder aufnahm, hatten die Freunde den Turm schon fast erreicht.

»Wir schaffen es!«, brüllte Randy. Sie konnten jetzt besser laufen. Nahe dem Haus ging der Untergrund in eine graue glatte Schicht über, auf der kleine Steine lagen.

Noch während des Laufens holte Randy den Schlüssel aus der Tasche. Er öffnete die Eingangstür und ließ erst seine Freunde in das Haus.

Bevor er die Tür zuschlug, schaute er sich noch schnell um. Von dem Verfolger sah er nichts mehr.

Turbo hatte sich einfach zu Boden fallen lassen. Er lag rücklings auf dem Teppich, hielt den Mund weit offen und atmete keuchend. Ela hockte in einem Sessel, rot im Gesicht und erschöpft. Pitbull saß auf ihrem Schoß und schien nicht zu wissen, ob sie bellen sollte oder nicht.

Randy schleifte mit den Füßen über den Teppich, visierte einen Sessel an und ließ sich hineinfallen.

Niemand von ihnen sprach. Das Keuchen ihrer heftigen Atemzüge erfüllte die Halle.

Ela fand als Erste die Sprache wieder. Während sie Pitbull streichelte, sagte sie: »Himmel, war das knapp. Zum Schluss hatte ich das Gefühl, Blei in den Beinen zu haben.« Ihr Kommentar wurde stets durch ein heftiges Keuchen unterbrochen.

»Bei mir war es wohl Eisen«, bemerkte Turbo.

Randy hatte sich nach vorn gebeugt und ließ seine Arme baumeln. Die Fingerspitzen berührten den Teppich. »Jetzt wissen wir, was auf uns zukommt.« Er schaute Ela an. »Du kannst wirklich nicht weg.«

Sie hob die Schultern. »Das habe ich gewusst.«

»Wenn sie sich schon so offen zeigen, frage ich mich, ob sie überhaupt bis zur Dunkelheit warten werden«, äußerte Turbo. »Oder was meinst du, Randy?«

»Willst du ihnen das Schwert gleich geben, Turbo?«

»Nein, natürlich nicht.«

»Sollte nicht Alfred Bescheid wissen?«, fragte Ela.

»Der ist im Keller.«

»Das ist ein Grund, aber kein Hindernis.«

Randy winkte ab. »Alfred will nicht gestört werden. Er hat einen bestimmten Plan.«

»Kann man mehr darüber hören?«

»Wir kennen ihn nicht. Aber wir können Alfred vertrauen.«

»Die anderen sind zu dritt«, warf Michaela ein.

Randy wechselte das Thema. »Wolltest du nicht deine Mutter anrufen und ihr Bescheid geben, wo du bleibst?«

Ela hob die Schultern. »Ich bin mir nicht sicher. Vielleicht sollte ich doch wieder ...«

»Zurückgehen, wie?«, Randy lachte. »Nein, das ist ...«

»Da, am Fenster!« Ela hatte den Satz geschrien. Sie zeigte auf die Scheibe neben der Tür.

Randy wirbelte herum, Turbo ebenfalls, und Pitbull begann zu kläffen.

Hinter der Scheibe zeigte sich ein Gesicht. Es war eine Fratze, sehr bleich, dabei böse blickend. Unbeweglich stand es hinter dem Glas wie ein Gestirn am Himmel. Für einen Moment zogen sich die Lippen in die Breite. Sie schickten ein kaltes, diabolisches Lächeln zu den Freunden hinüber.

So schnell wie es erschienen war, verschwand das Gesicht wieder. Wie ein Phantom.

Ela presste beide Hände auf ihre Brust. »Habe ich mich erschreckt!«, flüsterte sie. »Himmel, das war ein echter Schock!«

Randy und Turbo gaben keine Antwort. Auch ihnen saß der Schrecken in den Knochen.

Randy dachte über das Gesicht nach. Seine Eltern hatten ihn gelehrt, einen Menschen nie nach dem Äußeren zu beurteilen. Trotzdem, der Mann hinter der Scheibe hatte ihm Angst eingejagt. Das Grinsen war so kalt, so wissend gewesen und gleichzeitig drohend, als wollte es ihnen sagen, dass sie keinerlei Chancen hatten.

Randy schüttelte sich, als hätte jemand Wasser über ihn gegossen. Er hörte kaum, dass Turbo ihn ansprach, und als er den Freund anschaute, war es, als würde er aus einem tiefen Traum erwachen, und er sagte: »Sorry, Turbo. Was hast du gesagt?«

»Den kenne ich.« Auch Turbos Gesicht war blass geworden. »Den Mann meine ich – den kenne ich.«

»Woher denn?«

»Von Fotos, die ich in unseren Zeitungen gesehen habe. So ein Gesicht vergisst man nicht. Er war aber nie allein abgebildet, immer zusammen mit einem anderen Mann, der sein Chef ist: Yamuto.«

»Der ist doch auch der Boss von den anderen beiden.«

»Das schon, aber dieser hier ist etwas Besonderes. Er ist immer bei ihm. Er beschützt ihn.«

»Sein Bodyguard?«

»Ja, sein Leibwächter. Er ist ungeheuer gefährlich. Manchmal trägt er auch andere Kleidung. Die ist dunkelblau, fast ein Gewand. So sind in früheren Jahrhunderten die Samurai herumgelaufen. Der wird jedenfalls nicht aufgeben. Da haben sie sich den Richtigen geholt.«

Nach diesem Vortrag schwiegen die Freunde. Sie hingen ihren Gedanken nach und kamen jeder zu dem gleichen Ergebnis: Die Gefahr hatte sich verdichtet.

»Was können wir gegen die drei Männer tun?«, fragte Ela mit flüsternder Stimme.

»Nicht viel«, sagte Randy. »Aber da wäre auch noch Alfred.«

Michaela hob die Schultern. »Alfred, mein Gott, das ist ein netter Kerl. Ich mag ihn ja. Aber kommt der gegen diese drei Männer an?«

»Er wird sich Mühe geben!«, war Randy überzeugt.

»Mühe allein reicht ja bekanntlich nicht ...«

»Es kommt immer auf denjenigen an, der sich die Mühe gibt.« Niemand hatte Alfred eintreten gehört. Er stand plötzlich in der Halle und nickte ihnen zu. »Ihr seid mir vielleicht Aufpasser. So wie ich mich angeschlichen habe, hätten es auch andere tun können.«

»Alfred!« Randy sprang auf. »Verflixt, du hast uns vielleicht erschreckt.« Er wischte die feuchten Handflächen an der Hose ab. »Weißt du, was geschehen ist?«

Erst jetzt fing Pitbull an zu bellen. Sie kannte Alfred und begrüßte ihn freudig.

»Hallo, Pitbull.« Butler Alfred beugte sich vor und hob den Hund hoch. Er schaukelte ihn auf den Armen, dabei nickte er Ela zu und fragte: »Wie kommst du überhaupt her?«

Sie erzählte es ihm.

»Du hast dir einen ungünstigen Zeitpunkt ausgesucht, Mädchen.«

»Das glaube ich auch.«

»Alfred«, sagte Randy, »hast du gehört, über was wir uns vorhin unterhalten haben?«

»Zum Teil.« Er schaute Turbo an. »Du kennst den Mann?«

»Ja, und er ist verflucht gefährlich. Er ist Yamutos Leibwächter. Ich habe ihn des Öfteren in den Zeitungen gesehen. Wenn es dem gelingt, hier einzudringen, können wir uns auf etwas gefasst machen. Der kann Mauern mit seinen bloßen Händen durchschlagen.«

Alfred ging nicht näher auf diese Bemerkung ein, obwohl er sie genau verstanden hatte. Das war am Zucken seines Mundes zu erkennen. Er wandte sich stattdessen an Michaela Schröder. »Ich möchte, dass du deine Eltern anrufst und ihnen sagst …«

Ela stand auf. »Das hatte ich vor, aber dann tauchte das Gesicht am Fenster auf.«

»Gut, ruf sie an und erkläre ihnen, dass du hier übernachten wirst. Sollte es noch Fragen geben, werde ich mit deiner Mutter sprechen.«

»Ja, ist gut, danke.«

»Zum Schlafen werden wir wohl kaum kommen«, sagte Randy.

Alfred nickte. »Da hast du Recht. Jetzt müssen wir die Sache bis zum Schluss durchziehen.«

»Und wenn wir der Polizei Bescheid sagen?«

»Dann wird sie die Japaner vertreiben.«

»Das ist doch gut.«

Alfred hob eine Hand. »Ich fürchte jedoch, dass die Kerle dann bald wiederkommen. Wenn es ihnen heute nicht gelingt, das Schwert an sich zu bringen, versuchen sie es morgen und übermorgen wieder. Da bin ich mir sicher, Freunde. Wir werden es heute durchstehen müssen.«

Nach dieser Erklärung schwieg Alfred, weil er Michaela bei ihrem Telefonat nicht stören wollte.

Die Schröders kannten die Familie Ritter gut. Ihre Kinder waren zusammen aufgewachsen und gute Freunde. Auch Randy hatte schon mehrere Tage bei den Schröders verbracht. So war es auch kein großes Problem für Michaela, ihre Mutter davon zu überzeugen, dass sie erst am nächsten Tag wieder nach Hause kommen wollte.

Als das Mädchen das Telefonat beendete, zeigte ihre Miene Erleichterung. »So, alles klar. Und jetzt?« Elas Gesicht hatte wieder etwas Farbe bekommen. Sie schaute die anderen fragend an.

»Ich habe einen Vorschlag«, sagte Alfred. »Ihr werdet jetzt nach oben in Randys Zimmer gehen und dort warten. Versteckt das Schwert oder lasst es dort, wo es sich gerade befindet. Ich muss noch was vorbereiten.«

Ela war neugierig. »Was denn?«

»Das ist mein Geheimnis«, sagte Alfred lächelnd.

Das Mädchen zog einen Schmollmund. »Muss das sein?«

»Es muss.« Alfred deutete auf die Treppe. »So, ihr Lieben, hoch mit euch.«

Ohne zu murren, zogen sich die drei Freunde zurück. In Randys Zimmer wollte Ela das Schwert sehen.

Turbo zögerte und schaute seinen deutschen Freund an.

»Zeig es ihr schon, die lässt dir sonst keine Ruhe. Ich kenne sie.«

»Also gut.« Der Junge aus Japan holte das Schwert unter dem Bett hervor.

Michaela Schröder stand neben ihm, hatte sich gebückt und die Handflächen auf ihre Oberschenkel gelegt. Als sie das Schwert sah, bekam sie große Augen und konnte sich einen Kommentar nicht verkneifen.

»Mann, ist das krass.«

»Ja, stark, nicht?« Turbo reichte ihr das Schwert. »Willst du es mal halten?«

Ela hob die Schultern. »Ich weiß nicht so recht. Darf ich denn?«

»Sicher.«

Sie fasste das Schwert mit beiden Händen am Griff und hob es an. »Himmel, ist das schwer. Wer damit kämpfen will, muss viel Kraft haben.«

»Und ob.«

»Hast du schon mal ...?«

»Nein, Ela. In unserer Familie waren es meine Vorfahren, die sich mit dem Schwert verteidigen mussten.«

»Dann ist damit auch getötet worden?«

Turbo nickte mit ernstem Gesicht. »Ja, damit wurde auch getötet. Leider.«

»Das ist schlimm.« Michaela legte das Schwert auf das Bett. Pitbull sprang hinterher und beschnüffelte die Waffe.

»Pitbull, geh da weg!« Als die Hündin nicht gehorchte, schnappte Michaela sie und stellte sie auf den Boden. »Da bleibst du jetzt, verstanden?«

Pitbull war beleidigt, drehte ihrem Frauchen den Rücken zu und starrte die Tür an, die sie bewachen wollte.

»Also warten wir«, sagte Randy und ging zur Tür.

»Wo willst du hin?«, fragte Ela, wie immer neugierig.

»Was zu trinken und zu essen holen. Trotz allem habe ich Hunger bekommen.«

»Ich auch«, sagte Turbo.

»Wann habe ich dich schon einmal satt erlebt?« Grinsend verließ Randy das Zimmer.

Die Nacht der Entscheidung

Als hätte die nicht sichtbare Hand eines Malers mit einem gewaltigen Pinsel den Himmel bestrichen, so schob sich das Grau der Dämmerung über das flache Land.

Es vertrieb die Helligkeit des Tages, drängte sie immer weiter zurück, und auch die Sonne hatte sich längst hinter dem fernen Horizont versteckt. Nicht einmal ein letztes Glühen war von ihr zu sehen.

Die Freunde hatten Alfreds Rat befolgt und waren im Zimmer geblieben. An den beiden Fenstern hielten sie Wache. Sie schauten in Richtung Rhein, und Randy hatte auch zwei Feldstecher besorgt. Damit holten er und Turbo den Fluss nahe für sich heran. Sie verfolgten die Schiffe, die sich träge durch die Fluten schoben, doch nach der Yacht der Japaner hielten sie vergeblich Ausschau.

»Keine Rückendeckung vom Wasser her!«, sagte Randy irgendwann.

Ela lachte. »Ob die schon an ihrem Wagen waren?« Sie hockte auf dem Bett. Pitbull lag auf ihrem Schoß und schlief.

Randy hob die Schultern. Er nahm einen Schluck Limo aus der Dose. »Die werden was anderes zu tun haben.«

Turbo schaute noch immer aus dem Fenster. »Es hat keinen Sinn, da verschwimmt alles vor meinen Augen. Zwielicht, versteht ihr. Ich kann nichts erkennen.« Er ließ den Feldstecher sinken.

»Eigentlich eine gute Zeit für sie«, meinte Randy.

»Hör auf«, sagte Ela. Je mehr Stunden verstrichen, um so blasser wurde sie.

Auch Randy war sichtlich nervös. Er gab sich längst nicht mehr so cool wie noch vor zwei Stunden. Immer häufiger wischte er sich eine Haarsträhne aus der Stirn. Bei ihm ein Zeichen, dass er unter innerem Druck stand.

Den gelassensten Eindruck machte noch Turbo. Das lag wohl an seiner asiatischen Mentalität. Auch jetzt verließ er seinen Platz am Fenster nicht.

Die Freunde hatten bewusst kein Licht gemacht. In Randys Raum überwogen die Schatten. Nahezu unheimlich und düster lauerten sie in den Ecken und passten zu der Stimmung, die hier herrschte.

Randy lehnte an der Wand neben einem der Fenster. Er schaute schräg durch die Scheibe nach unten. Vor dem Haus standen die Bäume. Ihre Blätter zitterten im leichten Wind. Jenseits des Flusses, wo ebenfalls die Straße herlief, fuhren die Autos bereits mit Licht. Als einzelne helle Punkte tauchten die Scheinwerfer auf, bevor sie von der Dämmerung verschluckt wurden.

Schiffe pflügten durch das Wasser. Ihre Bugwellen schimmerten wie weiße Bärte.

Eine friedliche Stimmung am Niederrhein, so hätte man meinen können. Aber Turbo ließ sich von diesem äußeren Eindruck nicht täuschen. Er war sehr auf der Hut.

Und er sah die Gestalt!

Wo sie gelauert hatte, konnte er nicht sagen. Jedenfalls war sie plötzlich da. Ein Schatten auf zwei Beinen, der in Richtung Haus huschte.

Turbo konnte nicht erkennen, um welchen der Japaner es sich handelte. Er wollte Randy schon Bescheid geben, als die Gestalt stehen blieb und kurz hochwinkte. Wenig später war sie im Haus verschwunden, und sie hörten unten die Tür schlagen. Jetzt war auch Randy aufmerksam geworden.

Turbo ging zur Zimmertür. »Das muss einer von ihnen gewesen sein. Jetzt ist er im Haus.« Er hatte seine Hand bereits auf die Klinke gelegt.

»Und wer?«, fragte Randy.

Ela legte Pitbull auf das Bett, wo der Hund weiterschlief. Das Mädchen richtete sich gespannt auf.

»Ich habe ihn nicht erkannt.« Turbo öffnete vorsichtig die Tür.

Da hörten sie hastige Schritte. Sie eilten die Treppe hoch.

»Wenn das der Große ist ...«, sagte Randy und atmete einen Moment später erleichtert auf, weil Alfred erschien.

»Du bist es!«, stöhnte Randy. »Wir dachten schon ...«

»Ich war draußen.« Alfred betrat das Zimmer, nachdem die Jungen zur Seite getreten waren.

»Und?«

Alfred drehte sich um. Sein Gesicht war ernst. Er nickte. »Ich habe sie gesehen, aber sie mich nicht. Ich will es wenigstens nicht hoffen.«

»Wo haben sie sich denn versteckt?«

»Sie können das Haus von drei Seiten beobachten. Ich schätze, dass wir in den nächsten Minuten mit ihrem Besuch rechnen müssen. Dieses Zwielicht, in dem alles zerfließt, ist genau richtig.«

Die Freunde schwiegen. Ela biss sich auf die Lippe. Randy starrte gegen die Wand und Turbo auf seine Schuhspitzen.

»Was sollen wir tun, Alfred?«

»Die Ruhe bewahren, Ela.«

»Das sagt sich so leicht.«

Alfred winkte ab. »Denkt daran, dass auch ich meine Vorbereitungen getroffen habe.«

»Und was für Vorbereitungen waren das?«, fragte Randy.

»Ha, du wirst dich wundern.« Alfred grinste. »Aus meiner Zeit beim Film habe ich noch nicht alles vergessen. Das Haus ist an bestimmten Stellen gesichert. Seid auch ihr vorsichtig.«

»Sollen wir denn im Zimmer bleiben?«

Alfred überlegte. »Hier seid ihr relativ sicher. Dennoch wäre es besser, wenn nur einer von euch zurückbleibt.« Er drehte den Kopf und schaute Michaela dabei an.

»Ja, ich bleibe hier.«

»Dann kommt ihr mit«, sagte Alfred zu den Jungen.

»Wo wollt ihr denn hin?« Ela war ziemlich ängstlich.

»Keine Sorge, Michaela, wir bleiben im Haus. Wir müssen sie nur anlocken, verstehst du?«

Ela nickte, obwohl sie nichts verstand. Sie war wieder blass geworden, setzte sich auf das Bett und streichelte Pitbull. Die Nähe ihres Hundes beruhigte sie.

»Dann bis gleich«, sagte Randy. Er konnte nicht vermeiden, dass seine Stimme zitterte.

Alfred, Turbo und er verließen den Raum. Sie blieben auf dem Gang stehen, wo Alfred ihnen einige Instruktionen gab, die sie unbedingt befolgen mussten.

»Sind die Türen verschlossen?«, fragte Randy.

»Nein. Ich möchte ja, dass sie kommen.« Alfred schaute sich um. Er hatte nur an bestimmten Stellen Lampen brennen lassen. Der größte Teil des Hauses lag im Dunkeln. Wer aber das Haus betrat, musste durch eine dieser Lichtinseln.

Alfred trennte sich von den beiden Freunden. »Ihr bleibt auf der Treppenmitte stehen, klar?«

»Sicher.«

»Es wird schon werden.« Alfred lächelte optimistisch und lief die restlichen Stufen hinab.

Er konnte sich fast völlig lautlos bewegen. Schon war er in der Dunkelheit der Halle verschwunden wie ein Schatten.

»Soll ich mich nicht lieber auf der anderen Treppenseite aufstellen?«, fragte Turbo.

»Nein, bleib hier. Alfred hat schon seine Gründe.«

»Hoffentlich unterschätzt er die Kerle nicht.«

»Der nicht, mein Freund.«

Das Schweigen umgab sie wie eine dichte Decke. Die Jungen hörten ihren eigenen Herzschlag – und noch etwas anderes.

»Die Tür!«, hauchte Randy.

Von außen war sie geöffnet worden. Und nicht einmal leise. Die Eindringlinge schienen sich ziemlich sicher zu fühlen. Niemand würde sie stoppen. So dachten sie.

Randy und Turbo schauten schräg über das Geländer hinweg nach unten in die Halle.

Die Tür war zu einem Drittel aufgeschwungen. Von draußen her sickerte noch ein grauer Streifen dämmriges Licht in die Halle und verlief sich vor dem Kamin.

Als Erster schob sich der Glatzkopf in die Halle. Er hielt irgendetwas in der Hand. Es war ein Schwert, wie die Jungen im nächsten Augenblick erkannten.

Kway bewegte sich wie ein Karatekämpfer. Jeder Schritt war genau gesetzt, nichts entging ihm. Seine Blicke durchstreiften die Halle und forschten nach Fallen.

Sekunden vergingen.

Auch Randy und Turbo hielten den Atem an. Auf diese Szene hatten sie eigentlich gewartet. Jetzt, da es soweit war, wollte die Spannung sie innerlich zerreißen.

Glatzkopf hatte nichts entdecken können, was ihn störte. Er drehte sich kurz um und winkte dem zweiten Mann zu.

Shuyo trug nicht mehr seinen braunen Anzug. Auf dunkle Kleidung hatte er trotzdem nicht verzichtet. Mit lautlosen Schritten näherte er sich seinem Kumpan. Zuvor hatte er noch die Tür ins Schloss gedrückt.

Die meinen es verflucht ernst, dachte Randy und hörte, wie sich die beiden flüsternd berieten. Dabei blieben sie zwar still stehen, doch ihre Köpfe befanden sich in Bewegung. Die Blicke durchmaßen nicht allein die Halle, sie huschten auch über die von zwei Seiten nach oben führende Treppen.

Glücklicherweise standen Randy und Turbo im Dunklen. Auch mit Argusaugen konnten sie nicht entdeckt werden.

»Und wo steckt der dritte?«, hauchte Turbo.

»Keine Ahnung.«

Die Japaner unten in der Halle trennten sich. Der Glatzkopf war es, der auf die Treppe zuhuschte und dabei sein Schwert einmal blitzend über dem Kopf kreisen ließ.

»Werden wir mit dem fertig?«, fragte Turbo.

»Nie!«

Da öffnete sich eine Tür. Sie führte in die Küche. Wie ein Phantom tauchte eine dritte Gestalt auf.

Es war Alfred!

Den Freunden fiel ein Stein vom Herzen.

Der Glatzkopf hatte gehört, wie die Tür aufgeschwungen war. Noch bevor er die erste Stufe erreichte, blieb er stehen und kreiselte geduckt herum. Dabei schoss die Klinge seines Kampfschwerts vor.

Auch Shuyo hatte Alfred entdeckt. Er rief dem Glatzkopf etwas zu, und der startete wie ein Blitz.

»Meine Güte!«, ächzte Randy, denn er sah, dass die Klinge genau auf Alfred wies.

Auch Turbo hielt den Atem an. Sie gaben Alfred kaum eine Chance. Doch der wartete haargenau den richtigen Zeitpunkt ab. Dann sprang er plötzlich zurück, verschwand in der Küche und rammte gleich darauf die Tür zu.

Der Glatzkopf lachte wie irre. Nur ein paar Schritte, dann hatte er die Tür erreicht.

Da passierte es!

Plötzlich lag er buchstäblich in der Luft, als wollte er unfreiwillig einen Salto schlagen. Die Füße hatten den Kontakt zum Boden verloren. Vor der Küchentür war alles spiegelglatt.

Im Sommer gibt es kein Glatteis, dachte Randy. Und erst recht nicht in einem beheizten Haus!

Also war das Schmierseife!

»Ahhhh ...!« Kways Schrei durchschnitt die Stille der Halle. Er endete in einem dumpfen Laut, denn der Glatzkopf hatte seine Rutschpartie nicht mehr stoppen können und war hart gegen die Küchentür geprallt.

Damit hatte keiner der beiden Einbrecher gerechnet, auch Shuyo nicht, der mitten in der Halle stand und vor Wut einen Anfall bekam. Er schimpfte seinen Kumpan aus.

Da er Japanisch sprach, verstand nur Turbo, was er schrie. Er übersetzte es Randy nicht. Die beiden grinsten allerdings, und Randy meinte: »Ich bin gespannt, welche Überraschungen Alfred noch auf Lager hat.«

Der Glatzkopf wollte nicht aufgeben. Hinter der Tür lauerte derjenige, der ihm den Ärger eingebrockt hatte, und den wollte er aus dem Weg räumen.

Vorsichtig versuchte er sich zu erheben. Mit der freien Hand stützte er sich ab, das Schwert ließ er allerdings nicht los.

Er wollte die Tür nach innen rammen, und als er stand, wuchtete er seine rechte Schulter vor, als Alfred die Tür von der anderen Seite her aufzog.

Der Glatzkopf flog über die Schwelle – und genau in die Arme des grünen Monstrums mit den roten Augen.

»Alles nur eine Sache der Reflexe!«, flüsterte Randy und rieb sich die Hände.

Auch Turbo grinste. Es sah einfach zu komisch aus, als Kway sein Schwert nach vorn stieß und die Spitze im gewaltigen Körper des Monstrums verschwand. Das aber umschlang ihn so, wie es auch Randy im Keller umfasst hatte.

Kway war völlig von der Rolle. Er schrie und fluchte und konnte sich einfach nicht befreien.

Alfred hatte die Elektronik eingeschaltet. So schob das Monstrum den Japaner zurück und hinein in die Schmierseife, wo er wieder ausrutschte, nach hinten kippte und das Filmmonster mit sich riss. Er fluchte dabei und ärgerte sich maßlos. Mit der linken Hand drosch er in den massigen

Körper. Immer wieder hämmerte er die Faust hinein, und er schaffte es schließlich, das Monstrum von sich zu schleudern. Dieses rutschte über den eingeseiften Boden und blieb schließlich liegen.

Kway aber kochte vor Wut.

Shuyo griff sicherheitshalber nicht ein. Er schaute zu, wie Kway auf die Knie kam.

Diesmal war er gewarnt. Er würde nicht mehr wie ein Tölpel in die Falle laufen.

Noch in kniender Haltung wechselte er das Schwert in die Linke und hob den rechten Arm an.

Er presste die Hand auf die Klinke, drückte sie nach unten. Aber die Tür ließ sich nicht mehr öffnen. Alfred hatte sie von innen abgeschlossen.

Kway heulte vor Wut. Und dann heulte er noch lauter, weil er die Hand nicht mehr von der Klinke lösen konnte. Sie klebte daran fest.

Er riss, er zerrte, tobte, schimpfte. Seine Hand blieb an der Klinke kleben.

»Festgeleimt – voll krass!« Die Jungen amüsierten sich köstlich. »Alfred macht eine Superschau. Der hat die Türklinke mit irgendeinem Leim bestrichen.«

Kway tobte nicht mehr. Er kniete in einer grotesken Haltung vor der Tür, einen Arm halb erhoben, die andere Hand aufgestützt. An sein Schwert dachte er nicht mehr.

Er drehte den Kopf und schrie seinem Kumpan etwas zu.

Turbo übersetzte. »Er will, dass er ihm hilft.«

»Mal sehen, ob dem das gelingt.« Randy grinste.

Shuyo war vorsichtig. Er wollte Kway mit einigen Worten beruhigen, der noch immer versuchte, seine Hand endlich von der Klinke zu lösen. Das gelang ihm nicht.

Und Shuyo achtete nicht mehr auf die Umgebung. Er hatte nur eines im Sinn, seinem Freund zu helfen, und so erreichte auch der zweite Japaner den mit Schmierseife bedeckten Bereich.

Kaum hatte er seinen Fuß darauf gesetzt, erinnerte er an einen Seiltänzer. Um das Gleichgewicht zu halten, musste er die Arme ausbreiten.

Kway jammerte. Er hing auch weiterhin fest, so sehr er auch dagegen anging.

Shuyo balancierte wie auf rohen Eiern, als in seinem Rücken jemand erschien.

Es war Alfred. Er hatte die Küche durch die zweite Tür verlassen, einen Bogen geschlagen, eine andere Tür geöffnet, stand nun abermals in der Halle und winkte den Jungen auf der Treppe sogar noch zu, die kurz zurückgrüßten.

Alfred ließ einige Sekunden verstreichen, bevor er sich bemerkbar machte.

Dies geschah durch ein Räuspern. Es war gerade so laut, dass es die beiden Eindringlinge vernehmen konnten.

Shuyo blieb gebückt stehen. Sein Körper bewegte sich nicht, er schüttelte nur den Kopf, als wollte er nicht glauben, was er da gehört hatte.

»Suchst du mich?«, fragte Alfred in seinem Rücken.

Shuyo erwiderte nichts, dafür stieß der andere Japaner wieder einen heulenden Laut aus. Mit beiden Händen stützte sich Shuyo an dessen Schultern ab, bevor er sich behutsam umdrehte.

Alfred hatte eine lässige Haltung eingenommen. Auf seinen Lippen lag sogar ein Grinsen. Es wirkte leicht überheblich, denn er wusste, dass er es war, der hier den Ton angab.

Das wollte Shuyo nur nicht einsehen. Er hatte es geschafft und sich endlich gedreht. Alfred ließ ihn einen vorsichtigen Schritt gehen, einen zweiten ebenfalls, dann stand der Japaner wieder auf dem normalen Steinboden.

»Bin gespannt«, hauchte Randy, »was Alfred sich jetzt einfallen lässt.«

Turbo sagte nichts. Er war viel zu gespannt darauf, was jetzt kommen würde.

Shuyo stand zwar auf dem normalen Boden, nur dachte er nicht daran, dass unter seinen Sohlen noch immer Schmierseife klebte. Beim nächsten Schritt wurde er auf sehr drastische Weise daran erinnert: Mit dem rechten Bein rutschte er weg. Er schleuderte es in die Höhe und machte unfreiwillig einen Spagat. Das Bein wurde immer länger. Sein Fuß stoppte erst, als er mit der Sohle gegen einen der Teppiche stieß. Dann kippte Shuyo um und stieß sich den Kopf an einer Tischkante.

»Willst du nicht aufstehen?«, fragte Alfred.

Shuyo drehte sich schwerfällig um. Man hatte ihm übel mitgespielt, sein Gesicht zeigte Wut und Zorn. Alfred rechnete damit, dass Shuyo eine Waffe ziehen würde, deshalb kam er dem Japaner schnell zuvor.

Plötzlich hielt er eine schwarze Pistole in der Hand. Sie hatte einen sehr langen Lauf, eigentlich ungewöhnlich für eine Pistole.

»Na, was ist?«

Shuyo spreizte die Arme.

Da schoss Alfred.

Es wurde ein Volltreffer. Aus der Waffe jagte ein Pfeil, auf dem vorn ein Gummipfropfen steckte. Dass er zielen konnte, stellte Alfred bestens unter Beweis, denn der Pfropfen landete genau auf der Stirn des Japaners, der vor Schreck nicht wusste, was er noch unternehmen sollte. Mit dem Pfeil auf der Stirn sah er aus wie ein menschliches Einhorn.

»Gib auf!«, sagte Alfred.

»Nie!«

Shuyo sprang hoch. Diesmal zog er eine Waffe. Es war ein langer Dolch, fast schon ein Schwert, jedenfalls ein widerliches Ding, und Alfred sprang zurück.

Shuyo lachte und hob den Arm nach hinten. Da hatte er genau die Stelle erreicht, an der Alfred ihn haben wollte.

Von der Decke fiel etwas herab.

Es war ein schweres Fischernetz, und es fiel genau in dem Augenblick über Shuyo zusammen, als dieser die Waffe schleudern wollte. Sein Arm bewegte sich noch nach vorn, er ließ den Dolch auch los, doch da verfing sich seine Hand in den Maschen.

Aus dem Wurf wurde nicht mal ein Würfchen. Der lange Dolch fiel nach unten und blieb auf dem Boden liegen.

»Es geht weiter!«, rief Alfred.

Er hatte den langen Nachmittag gut genutzt und einen Flaschenzug angebracht. An dem Haken hing das Netz. Als Alfred an dem Seil zog, geriet Bewegung in das Netz. Zudem half Shuyo noch mit. Er wollte sich unbedingt befreien, werkelte mit beiden Armen und verstrickte sich dadurch nur noch mehr in den Maschen.

Das Netz zog sich zusammen, und der Japaner zappelte in ihm wie ein Fisch. Seine Füße verloren den Kontakt zum Boden. Alfred zog und zog. Shuyo hockte gefangen in den Maschen wie ein Häufchen Elend und wurde in die Höhe gezerrt. Erst als er sich dicht unter der Decke befand, stoppte Alfred den Flaschenzug.

»Wirklich nett, dich da zu sehen!«, sagte er und grüßte lässig.

Shuyo gab keine Antwort. Er platzte fast vor Wut, ebenso wie Kway, der noch immer an der Türklinke festhing. Alfred ging auf Nummer Sicher und nahm ihm das Schwert ab.

Beide Waffen legte er zur Seite. Dann schaute er die Treppe hoch, wo die Jungen alles mitbekommen hatten.

»Mann, das war eine fette Show!«, rief Randy. Er wollte die Stufen hinunter, doch es kam alles anders.

Alfred, er und Turbo hörten das Splittern von Fensterglas und den Schrei aus Randys Zimmer.

»Ela!«, brüllte Randy. »Wir haben den dritten Kerl vergessen! Mein Gott …«

Der Butler wurde zu einem menschlichen Tornado. Er jagte mit Riesensätzen die Stufen hoch ...
Michaela gehörte nicht gerade zu den Mädchen, die immer folgsam sind und gehorchen. In diesem Fall jedoch war es besser für sie, dass sie im Zimmer blieb.

Sie drückte ihren Freunden und Alfred die Daumen. Zum Glück hatten die beiden die Tür nicht geschlossen. So konnte Michaela wenigstens hören, was in der Halle geschah, nur gelang es ihr nicht, sich aus den Geräuschen einen Reim zu machen.

Deshalb blieb sie weiterhin auf dem Bett hocken, streichelte ihren Hund und zuckte manchmal zusammen, wenn ihr wieder ein Schauer über den Rücken lief. Sie wusste, wie gefährlich diese Japaner waren. Gegen diese bestens ausgebildeten Kämpfer hatten Randy und Turbo keine Chance, aber da war ja noch Alfred.

Er hatte leider nicht viel erzählt. Dennoch glaubte sie, dass er einiges in der Hinterhand hielt.

Ihr Blick glitt auch zum Fenster. Draußen war die Dämmerung von der Dunkelheit abgelöst worden. Sie hüllte die Umgebung ein wie tiefblaue Tinte.

Im Gegensatz zum vergangenen Tag war der Himmel wieder wolkenfrei. Innerhalb des Fensterausschnitts entdeckte das Mädchen zahlreiche Sterne und auch einen Halbmond, der wie ausgeschnitten aussah.

Die Hündin lag neben Ela und starrte zum Fenster. Sie gab plötzlich ein leises Knurren von sich.

»Was ist denn, Pitbull?«, flüsterte Ela. »Sei doch ruhig, ich bin bei dir.« Sie hob den Rauhaardackel an und drückte ihn gegen ihre Brust.

Doch Pitbull wollte sich nicht beruhigen. Sie knurrte weiter und versuchte sogar, sich aus Elas Griff zu befreien. Dabei strampelte sie wild mit ihren Pfoten, was Ela komisch vorkam, denn das war sie von der Hündin nicht gewohnt.

Sie setzte Pitbull ab.

Pitbull lief sofort zum Fenster und blieb darunter stehen. Sie hob den Kopf, und erst jetzt schaute auch Ela hin – und erschrak fast zu Tode.

Hinter der Scheibe zeichnete sich das Gesicht des dritten Japaners ab. Auf seinen Lippen lag wieder dieses diabolische Grinsen. Er hatte die rechte Hand zur Faust geballt und rammte sie vor.

Die Scheibe zersplitterte.

Michaela schrie laut und gellend. Der Japaner drückte seinen massigen Körper in den Raum. Dabei störte es ihn nicht, dass ihn ein Hagel von Splittern begleitete.

Michaela konnte sich nicht rühren. Sie saß auf dem Bett wie eine Holzpuppe. Auch Pitbull spürte, wie gefährlich dieser Mensch mit dem bleichen Gesicht war. Der Japaner ließ sich einfach nach vorn fallen, drehte sich noch in der Luft und kam mit der Schulter zuerst auf. Er rollte sich geschickt ab, bekam dabei noch Schwung, und gleich darauf stand er auf den Beinen.

Er und Ela starrten sich an.

Das Mädchen konnte sich nicht rühren. Noch nie in ihrem Leben hatte Ela einen Menschen vor sich gesehen, der ihr so eine gewaltige Angst eingeflößt hatte. Er hatte ein Gesicht, das weiß schimmerte, und der Mann selbst wirkte wie ein Roboter.

Er verkörperte das Böse!

»Wo ist es?«, fragte er in gebrochenem Deutsch. »Wo ist das Schwert? Ich will es haben!«

Ela gab keine Antwort. Sie schüttelte nur den Kopf. Pitbull hatte sich hinter ihrem Rücken verkrochen.

Wieder grinste der hünenhafte Japaner. »Ich werde deinem kleinen Hund den Kopf abschneiden, wenn du mir nicht sagst, wo ich das Schwert finde.«

»Ich ... ich ...«

Ela sprach nicht weiter, weil der Mann vor ihr auf einmal mit der Hand hinter seine Schulter langte und aus der

für Ela nicht sichtbaren Nackenscheide ein Schwert hervorzog.
»Soll ich ihm ...«
»Gar nichts wirst du, du Mistkerl!«
In der Tür stand Alfred!

Alfreds große Stunde

Auf einmal war Michaela für Minos uninteressant geworden. Der unheimliche Kerl hatte nur mehr Augen für Alfred, der deutlich keine Schlag-, Stich- oder Schusswaffe bei sich trug. Er hatte nur beide Hände zu Fäusten geballt.

In den blassen Augen des Japaners begann es zu funkeln. »Wenn sie es mir nicht sagen will, dann wirst du es eben tun!« Seine Klinge zuckte so schnell vor wie der Kopf einer angreifenden Klapperschlange, aber er stach nicht zu. Etwa eine Handbreit vor Alfreds Brust kam die Spitze zur Ruhe.

Alfred senkte den Blick. Gleichzeitig hob er die Arme. Hinter ihm schielten Randy und Turbo um die Türecke. Sie wagten es nicht, einzugreifen. Keiner von ihnen wollte Ela oder Alfred in Gefahr bringen.

»Ich warte nicht mehr lange!«, zischte der Japaner.

»Was willst du mit dem Schwert?« Alfred behielt die Nerven, auch wenn die tödliche Klinge auf ihn gerichtet war.

»Ich muss es haben!«

»Nein, nicht du – dein Chef will das Schwert!«

»Und ihm werde ich es bringen. Es gehört ihm!«

»Ich habe anderes darüber gehört. Er will es der Familie Toshikiara wegnehmen, die es seit Jahrhunderten besitzt.«

»Zu Unrecht!«

»Das glaube ich nicht.«

»Ich werde dich töten, wenn du das Schwert nicht hergibst!«, versprach Minos.

Alfred schaute in das ausdruckslose Gesicht mit der blassen Haut, die sich dünn über die Knochen spannte. Dann nickte er. »Du hast gewonnen, ich werde es dir geben.«

»Sofort!«

»Sicher.« Alfred räusperte sich. »Darf ich mich bewegen?«
»Warum?«
»Ich möchte es holen!«
»Nein, du nicht. Eins der Kinder!«

Als er das sagte, erschrak Ela zutiefst. Alfred spürte die Angst des Mädchens und beruhigte es. »Keine Sorge, du weißt ja nicht, wo es ist. Turbo!«

Diesmal zuckte Turbo zusammen. Er schaute Randy an und flüsterte: »Was soll ich denn machen?«

»Ihm gehorchen.«

»Und dann?«

»Warte ab.«

Turbo hatte weiche Knie bekommen. Trotzdem ging er vor und überschritt die Schwelle zu Randys Zimmer. Seine Kehle fühlte sich an wie ausgedörrt, im Magen lag ein dicker Klumpen. Vorsichtig schaute er sich um. Minos wollte er nicht ansehen, sein Blick streifte auch die totenblasse Michaela nur. Stattdessen nickte er Alfred leicht zu.

»Hol es!«, bat dieser.

Turbo senkte die Lider. Ihre Chancen waren äußerst gering, wenn nicht gleich Null. Dieser unheimliche Mann würde alles tun, um die Waffe in seinen Besitz zu bringen.

»Ja, ich hole sie.«

Auch Minos ließ den Jungen nicht aus den Augen, als dieser sich vor dem Bett bückte.

Pitbull zog sich zurück. Die Hündin verspürte Furcht. Sie knurrte nicht einmal, war ganz still.

Turbo streckte die Hände aus. Niemand sah die Tränen in seinen Augen. Gegenüber seinem Vater kam er sich wie ein Verräter vor. Er hatte ihm versprochen, auf das Schwert Acht zu geben und es nicht wegzugeben. Doch nun …

Er bekam den Schwertkasten zu fassen und zog ihn unter dem Bett hervor.

Als Minos dies sah, zog sich sein Mund zu einem Grinsen in die Breite. Jetzt befand er sich nur noch einen Schritt von seinem großen Ziel entfernt.

Ela rückte zur Seite, weil Turbo den Kasten auf das Bett ablegte und ihn öffnete.

Mit vor Aufregung und Furcht zitternden Händen hob er das Schwert aus dem Samtbett, legte es auf seine Unterarme und drehte sich um.

Minos war zufrieden, was er auch mit einem Nicken zeigte. »Stell es unter das Fenster!«

Turbo spürte alle Augenpaare auf sich gerichtet, als er die wenigen Schritte ging. Der Angstschweiß rann ihm über das Gesicht und sogar in die Augen, so dass er blinzeln musste.

Unter dem Fenster lehnte er die Klinge gegen die Wand. Die Spitze drückte in den Boden.

Wie seinen Augapfel hatte er das Schwert seiner Ahnen gehütet, nun war die andere Seite doch stärker.

»Geh wieder weg!«

Turbo ging zurück. Seine Lippen zuckten. Er war der Verzweiflung nahe und hätte heulen mögen.

Auch Minos bewegte sich. Er ging genau die Anzahl von Schritten rückwärts, die nötig waren, um in die Nähe des Schwertes zu gelangen. Dabei zeigte seine Klinge nach wie vor auf Alfreds Brust.

Der hatte noch immer die Hände halb erhoben und sie zu Fäusten geballt. Er ließ den anderen keinen Moment aus den Augen.

Minos hatte endlich sein Ziel erreicht. Er bückte sich und streckte die freie Hand aus, um das Schwert greifen zu können.

Er war abgelenkt, und darauf hatte Alfred gewartet. Seine Arme zuckten vor, die Fäuste öffneten sich, er schleuderte etwas zu Boden, schloss selbst die Augen, und plötzlich explodierte der Raum in einem grellen Licht ...

Alfred hatte zwei Blendgranaten geworfen, die sich noch in seiner Trickkiste befunden hatten.

Keiner konnte etwas sehen, nur Alfred, der die Augen zugekniffen und das Gesicht weggedreht hatte. Er hörte das Heulen des Japaners, und geduckt lief er auf das Fenster zu, packte Turbos Schwert und rollte sich damit über den Boden, während er die Kinder anschrie, das Zimmer zu verlassen.

Alfred wusste, wie lange der Japaner geblendet sein würde. Alles war bei ihm genau ausgerechnet.

Alfred befand sich in der Höhe des Bettes. Im Gegensatz zu Minos konnte er sehen, und es bereitete ihm Freude, was er da erblickte.

Den Japaner hatte es voll erwischt.

Er dachte nicht mehr an seine Beute. Er stand da, hatte beide Hände erhoben und rieb sich die Augen, in denen es, das wusste Alfred, unheimlich brennen musste.

Tränen stürzten über das Gesicht des Mannes. Er hatte seine Umgebung vergessen, kümmerte sich allein um sich selbst. Es war eine Lage, die Alfred einfach ausnutzen musste.

Er ging auf ihn zu. Schon während des Laufens holte er aus. Alfred konnte Karate. Er wusste auch, wie man einen Menschen für eine Weile schlafen legte.

Minos traf ein wohldosierter Handkantenschlag, und er sank zusammen. Damit er sich nicht den Kopf schlug, fing Alfred den schweren Mann auf und legte ihn neben dem Bett zu Boden.

Aus der Tasche holte er dünne Stricke. Damit fesselte er Minos. Sicher war sicher.

Dann ließ er sich auf das Bett fallen und atmete zunächst tief durch. Es hatte geklappt, die drei Japaner waren nicht durch Gewalt, sondern mit List und Köpfchen überwältigt worden.

Alfred grinste vor sich hin. Nur gut, dass er von seinem ehemaligen Job so wenig vergessen hatte. Sein Grinsen wurde zum Lachen, als er die drei Freunde sah, die den Raum betraten, Tränen in den Augen.

»Was ist? Warum weint ihr denn? Es ist alles vorbei. Ihr könnt euch freuen.«

»Ha, ha«, sagte Randy. »Wenn du es genau wissen willst, Alfred: Deine Blendgranaten haben uns Freudentränen in die Augen getrieben.«

»Dann bin ich ja beruhigt.«

Noch in der Nacht wurden die drei Japaner der Polizei übergeben. Den wahren Grund ihres Eindringens verschwieg Alfred, der ging keinen Fremden etwas an. Für die Beamten waren die Japaner normale Einbrecher. Allerdings wunderten sich die Polizisten doch, dass ein Dieb an der Tür festklebte und der andere in einem Netz unter der Decke hing.

»Sie haben sich eben den falschen Zeitpunkt ausgesucht«, meinte Alfred. »Wir hatten hier ein Spiel vor, wissen Sie?«

Der leitende Beamte schaute Alfred mit einem Blick an, der deutlich klar machte, dass er ihm kein Wort glaubte.

»Toll«, schnarrte er. »Und wie bekommen wir den Kerl von der Türklinke?«

Alfred schaute auf die Uhr. »Das Zeug löst sich in wenigen Minuten auf. Es ist ein Speziallleim.«

»Und der glatte Boden?«

»Schmierseife.«

Die Freunde hatten zugehört. Sie konnten sich ein Grinsen nicht verkneifen, als sie das bitterböse Gesicht des Einsatzleiters sahen. Es war für den armen Mann schwer, all die Dinge zu glauben und richtig einzuordnen.

Sicherheitshalber hatte Alfred noch Kommissar Hartmann angerufen. Der hatte schon im Bett gelegen, aber versprochen, noch im Laufe der Nacht vorbeizuschauen.

Das sagte Alfred auch den Beamten. »Sie werden nämlich Schwierigkeiten mit den Japanern bekommen, meine Herren. Es sind Ausländer und Angestellte eines Konzerns. Man wird Kautionen stellen, nehme ich an, aber darum sollen sich andere kümmern.«

»Das ist gut.«

Gegen Mitternacht verließen die Polizisten mit den drei Japanern das Haus. Alfred und seine jungen Freunde standen draußen und schauten zu, wie die Gefangenen in den grünen Mannschaftswagen verfrachtet wurden. Diese hielten die Köpfe gesenkt, auch Minos, der rotverweinte Augen hatte.

Pitbull bellte ihn an, und da drehte sich Minos um. Er sah Alfred an, danach die Jungen und das Mädchen. In seinem Blick lag eine Kälte, die geradezu grausam war.

Fünf Minuten später war der Spuk vorbei. Im Haus wurde die Schmierseife gemeinsam aufgewischt, dann schlug Turbo vor, noch eine Kleinigkeit zu essen.

»Hast du schon wieder Hunger?«, fragte Ela.

»Nein, das nicht, aber wir sollten den glücklichen Ausgang dieser Nacht feiern. Da gehört auch ein Essen dazu, finde ich.«

»Und was möchtest du haben?«, fragte Alfred.

Turbo grinste etwas verlegen und wollte nicht mit der Sprache heraus.

»Komm, sag schon!«, drängte Randy.

»Ich habe in Japan bereits von diesem Gericht gehört. Es soll euer Nationalgericht sein ...«

»Kennst du das, Alfred?«

»Nun, da gibt es verschiedene.«

Turbo erhob sich. »Ihr könnt es euch ja überlegen. Ich bin gleich wieder zurück.«

»Der ist ja komisch«, sagte Ela. »Was meint er wohl mit dem Nationalgericht, das sogar in Japan bekannt ist?«

»Erbsensuppe«, sagte Randy.

»Kann auch Sauerkraut mit Eisbein sein«, vermutete Alfred.

»Oder Grünkohl mit Mettwurst.«

»Vergiss die Bayern nicht«, sagte Alfred. »Die haben auch noch etwas zu bieten.«

»Wir lassen uns jedenfalls überraschen«, meinte Randy, der aufstand, weil Turbo wieder die Küche betreten und sein Schwert mitgebracht hatte. »Was willst du denn damit?«

»Es abgeben.«

»Was?«, rief Randy und starrte den Freund an. »Das ist doch nicht möglich. Du hast darum gekämpft wie ein Löwe, und jetzt willst du es abgeben?«

»Nur in Verwahrung.«

»Wer soll es bekommen?«

»Ich glaube, es gibt nur einen unter uns, bei dem es sicher aufgehoben ist. Alfred, bitte sehr.«

Da war der gute Alfred überrascht. »Ich?«, flüsterte er. »Was soll ich denn damit anfangen?«

»Nur aufbewahren. Oder willst du es nicht?«

Alfred lachte. »Doch, doch, es kommt nur so plötzlich.«

»Nimm es, dann kann ich ruhiger schlafen.«

»Okay, das hätten wir jetzt abgehakt«, sagte Randy, nachdem das Schwert übergeben war. »Da ist aber noch ein Problem, Turbo. Du bist uns eine Antwort schuldig, was das Nationalgericht der Deutschen angeht.«

»Wisst ihr das immer noch nicht?«

»Nein!«, rief auch Ela.

»Dann sage ich es euch.« Turbo nahm Platz, er machte es noch spannender. »Das Nationalgericht der Deutschen ist Currywurst mit Pommes!«

»Das Nationalgericht der Deutschen ist Currywurst mit Pommes?«, fragte Alfred erstaunt.

»Uaaaahhhh, ich glaube, meine Oma geht mit Elvis!«, stöhnte Randy. Auch Michaela schlug die Hände über dem Kopf zusammen, während Alfred grinste.

Turbo verstand die Reaktionen nicht. »Wieso? Habe ich Unrecht?«

»Nein«, erwiderte Alfred lachend. »Du hast Recht, jedenfalls von deiner Warte aus.«